JN439024

어릿광대

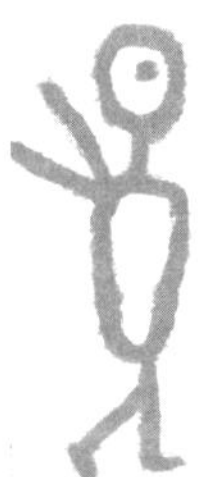

어릿광대

김민숙 수필집

선우미디어 sunwoomedia

책머리에

집을 한 채 짓고 싶었습니다. 작은 정자입니다. 나그네가 잠시 고단한 다리를 쉬일 수 있는 공간이면 족합니다. 그 작은 집에 만화정(晩花亭)이라는 편액 하나 걸고 싶습니다.

만화(晩花)는 제 고향, 대추지의 이름이고 아버지의 서재 이름이기도 합니다. 대춧골은 열 살에 떠났지만, 아직도 선산이 있고 어머니가 영면하시므로 여전히 제 고향입니다. 만화는 늦게 피는 꽃으로 대추를 일컫는 말입니다. 신록 우거진 유월에 황동 빛 작은 꽃이 피고, 백화百花가 자취를 감추는 시월 상천霜天에 알알이 붉은 열매를 달아 가을 하늘을 밝힙니다. 봄은 초라하지만 가을은 화려하다고 아버지는 고향 이름에 의미를 두셨습니다.

글쓰기는 나를 기억하는 일입니다. 글공부를 시작한 것도 벌써 10년 세월이 흘렀습니다. 늦은 감이 있었지만, 나를 찾는 용기를 낸 것은 크나큰 행운입니다. 잠자는 저를 깨워준 친구, 선생님, 문우님 덕분입니다. 부지런하지 못해 그 사이 쓴 글들이 채 50편도 되지 않습니다. 한 공간에 자리 잡으려 하니 십 년에 걸친 이야기들이 앞뒤가 서로 맞지 않습니다. 유년에서 청년을 거친 제 아이들의 이야기도 전후가 뒤섞이고, 여행에서나 사회를 향한 제 시선들이 김빠진 맥주 꼴입니다. 단숨에 나무를 비벼야 불이 붙는다는데 집중하는 힘이 부족하고 끈기 없이 늘 미지근하게 살아온 대가로 네 기둥이 제각기 색깔과 길이가 다른 불안한 집이 될 것 같아 염려됩니다.

이 작은 집에 오셔서 잠시 쉬어 가시기를 고대합니다. 나그네에게 여름 한낮 그늘이 될 수 있다면 제게는 큰 보람이 되겠습니다.

2013년 봄

김민숙

| 차례 |

1부 어릿광대

2부 그만하면 되었다

3부 미안하다

4부 거품

5부 사람의 길

1부
어릿광대

어릿광대가 되지 못한 나는
대문을 나서고 싶어서 늘 문 밖을 서성거렸다.
찬바람이라도 쐬면 가슴이 트이려나 싶어 옥상에 올라갔다.
혼자 가만히 들숨과 날숨을 쉬노라면
어린 날의 할머니가 환하게 웃는 모습으로
나를 감싸 안았다.

어릿광대

새해를 맞는 일이 그리 쉬운 일이냐고, 내가 묻고 내가 답한다. 초이틀 해 질 녘쯤엔 온몸이 해파리처럼 흐물거린다. 게으른 년 섣달 그믐날 빨래한다더니, 나를 두고 한 말이 되었다. 명절을 앞둔 며칠 전부터 행여 아이들이 자고 가려나 싶어 공연히 부산을 떨었더니 관절 여기저기가 태업이다. 이런 날은 손자의 앞이마보다 뒤꼭지가 더 예쁘다는 세간의 우스개가 딱 들어맞는 듯싶다.

시조부가 계시던 시절, 우리 집 설날은 일가친척으로 북적거렸다. 한옥의 바깥 부엌에서 삼사십 명의 떡국을 하루 종일 끓여 날랐다. 저녁나절 가래떡 두 말이 동날 때쯤이면 시집간 시누이들이 하나 둘 돌아오기 시작했다. 온종일 댓돌 위에 줄 서던 낯선 신발의 수를 세며 이제나저제나 내 신을 벗어놓고 안으로 들리라던 기대가 산산조각 났다. 움켜쥐어지지도 않는 곱은 손을 내려다보노라면 서러움이 너울처럼 덮쳐왔다.

화투판이 벌어졌다. 화투 놀이는 육남매에 사위들까지 어른들만도 열 명이 넘는 사람을 하나로 묶어주는 동아줄이기도 했다. 자정이 지나면서부터 체력에서 밀리는 사람부터 하나 둘 장소를 가리지 않고 제 영역을 선점해 갔다. 그때부터 정예의 고스톱 팀이 형성되었다.

열 살 아래의 고만고만한 친손, 외손이 일곱이나 되는 그 전쟁통 같은 나날을 신바람으로 뒤치다꺼리하시던 시어머니는 어릿광대였다. 설날 시작한 화투판은 멤버를 바꿔가며 초닷새, 시어머니 생신까지 이이지곤 했다. 어릿광대가 되지 못한 나는 대문을 나서고 싶어서 늘 문 밖을 서성거렸다. 찬바람이라도 쐬면 가슴이 트이려나 싶어 옥상에 올라갔다. 혼자 가만히 들숨과 날숨을 쉬노라면 어린 날의 할머니가 환하게 웃는 모습으로 나를 감싸 안았다.

"참다. 들어가자."

할머니의 손이 따뜻했던 기억은 없다. 하지만 할머니는 생각만으로도 양지의 햇살처럼 포근해서 전신을 온기로 훈훈하게 했다. 할머니는 완벽한 어릿광대였다. 언제나 흰 앞치마 자락에 젖은 손을 닦으시며 환한 웃음으로 나를 반겨 안으시던 할머니의 삶은 날마다 명절이었을 것이다. 전기도, 수도도 없던 시절이었다. 종부로 살면서 봉제사 접빈객으로 손에 물이 마를 날 없는 고단한 날들을 살았을진대, 기억 속의 할머니는 얼굴 가득 함박웃음을 띤 모습이다. 삶은 고구마나 유과 따위의 주전부릿감을 앞치마 속으로 넌지시 쥐여 주시며 '너만 묵어.' 하시고는 등을 쓸어 안아주셨다. 작은 손녀인 내게까지 '너만'을 강조하셨으니 손자들에게는 여간하셨을까. 할머니 돌아가신 후 큰집 작은집 여남은 명의 손자들이 각각 할머니께 특별한 사랑을 독차지했음을 미안해하며 고백성사처럼 털어놓았을 때도 우리는 서로 자신의 몫이 제일 컸음을 의심하지 않았다.

초사흘 아침 길을 나선다. 그때 쉬이 대문을 나서지 못하던 원을 뒤늦게야 푼다. 몸과 마음을 가볍게 털어내고 싶은 마음에 갓바위에 가려고 집을 나섰지만 어디에도 시원한 곳은 없다. 신천대로 상행로는 주차장 수준이다. 오도 가도 못하고 길에 갇혀 있는 사람들을 보노라면 어느 삶에도 비단길은 없나 보다. 어제 다녀간 셋째도 전라도의 시댁과 경상도의 친정을 돌아 서울의 저희 집까지 설 연휴 사흘, 스무 시간을 끼니도 걸러 가며 고스란히 길에 바쳤다고 억울해하지 않던가. 집에서 맞이하는 사람이나 고향으로 찾아드는 사람 모두 고단함은 자기 몫이 크게 보일 것이다. 농경시대의 대가족 문화에나 걸맞은 명절을 디지털 시대의 핵가족 사회에서 그대로 지키려다 보니 곳곳이 고달프다.

명절마다 제 방을 내어주고 쉴 곳 없어 부엌에서 맴돌던 딸들도 이제 모두 남의 집 맏며느리가 되었다. 이번 설에도 대를 이어 우리 집은 사위와 딸, 그리고 막내까지 끼어 화투판을 벌인다. 풀어놓은 세뱃돈을 회수하겠다는 남편과 아파트를 키워야 한다는 딸, 오르는 전세금을 이 황금어장에서 조달해야 한다는 사위, 아직 학생이니 자선하는 셈 치라는 막내까지 합세하여 화투판이 호기로 요란하다. 기웃거려 보아도 명분 없는 내가 끼어들 자리는 없다. 떡국을 끓여 나르며 덩달아 신을 내는 나도 이제 어쩔 수 없는 어릿광대다.

꿈꾸는 바다

바람이 세다. 방제복으로 완전무장하고 앞선 사람들의 행렬을 따라 걷는다. 파이프로 끓는 물을 뿜어대면서 축대에 오염된 기름을 녹여내는 현장을 지나 방파제로 난 도로를 따라 걸었다. 비릿한 갯내음 대신 역한 기름 냄새가 파도처럼 밀려왔다. 마스크를 코 위로 바짝 당겨 올렸다.

갯바위에 올랐다. 바위는 굴이 빼곡히 붙어 있어서 굴로 뭉쳐진 혹성 같다. 기름을 닦아 내기 위해 해일처럼 밀려온 사람들의 발에 밟혀 많은 굴이 껍질이 깨어지고 뭉개진 채 말라간다. 유출된 원유가 엉겨 붙어 입을 벌린 채 피처럼 진물을 흘리는 놈들 앞에서 나는 눈을 감았다.

갯바위를 찾는 일이 방과 후의 일상이던 때가 있었다. 바위 사이를 숨바꼭질하듯 들락거리는 게와 얕은 물 속 바위에 붙은 골뱅이를 무던히도 잡았다. 작은 양동이가 넘치도록 잡은 골뱅이를 들고 우리 반 아이들과 함께 자취집으로 돌아올 땐 늘 해가 꼴깍 넘어간 후였다. 잠자리에 들면 여기저기 패이고 찢긴 발바닥이 욱신거렸지만 운수 좋은 날 잡은 몇 마리의 멍게가 어른거려서 우리는 다음날 또 갯바위를 누볐다. 갓 잡아 올린 은빛 고기만큼이나 펄떡이던 시절이었다. 삼십 년도 넘은 일이다.

뾰족한 바위틈 사이로 금방이라도 게들이 기어 나올 것 같다. 여기저기서 쏟아지듯 기어 나오던 게들은 다 어디로 간 것일까. 굴의 무덤이 되어버린 갯바위는 삭막하다. 돌 하나를 움직여 뒤집어 본다. 조용하다. 이럴 땐 작은 벌레들이 화들짝 놀라 사방으로 흩어져야 할 것 아닌가. 나는 불안하다. 그들은 이제 오지 않는 것일까. 정말 터전을 잃은 것일까. 인간이 그들을 버리지 않았느냐고 자연이 되묻는다.

나는 바위에 묻은 기름을 닦아내는 일보다 어딘가에 살아 있을 생명의 안위가 더 궁금했다. 바위 계곡에서 숲을 이루어 물결 따라 일렁이던 수초들도 감감하다. 얕은 물 속 바위틈에 죽은 듯이 붙어있는 불가사리조차 살아있다는 것만으로도 반갑다. 바위에 붙은 기름은 이미 굳어서 힘만으로는 닦이지 않는다. 방파제 쪽을 올려다보니 굴 양식장에 허가 없이 들어가지 말라는 경고문이 충직하게 제자리를 지키고 있다. 쫓기듯 해변으로 내려왔다.

모래펄에 앉았다. 밀가루처럼 고운 모래가 끝없이 펼쳐진 모래벌판 군데군데에 포클레인이 괴물처럼 버티고 서서 삽질을 한다. 한여름 원색 수영복 차림으로 인산인해를 이루었을 천혜의 경관을 자랑하던 만리포에 방제복을 입은 봉사자들이 한겨울에 땀을 쏟는다. 호미로 모래를 파 내려가면 손바닥 만한 키조개 대신 시루떡같이 켜켜이 층을 이룬 기름 덩이를 만난다. 기름에 절은 양동이를 바짝 당겨놓고, 호미로 모래를 파고 조개를 잡아내듯 오염된 모래를 퍼 담는다.

바닷가에서 사 년을 꿈꾸듯 살았다. 이른 아침 해변에 나오면 파도가 씻어간 모래밭에 크고 작은 구멍들이 신선했다. 그 속에 숨 쉬고 있는 생명을 바닷가 사람들은 보지 않아도 안다.

오늘, 생명의 숨구멍은 사라지고 구멍만큼이나 많은 사람이 생명의 바다를 되찾으려고 바람 찬 겨울 해변을 덮었다. 기름 한 방울 나지 않는 땅에 사는 사람들이 호미로 모래를 파서 손으로 기름 덩이를 캔다. 오염된 모래 한 알도 버릴 수 없다. 쌀을 씻는 정성으로 모래를 씻어내고 밥을 짓는 마음으로 모래를 끓인다. 퍼낸 모래를 나르는 사람, 끓인 모래 위에 뜨는 기름을 퍼내는 사람, 기름이 밴 부직포를 걷어내는 사람으로 오후의 바다는 분주하다. 밀물이 들어오기 전에 한 움큼이라도 더 기름을 걷어내야 한다. 손길들이 분주하다.

오후 네 시, 모래밭에서 바라본 갯바위가 방파제 쪽에서부터 사라져간다. 조금 전 엎드려 기름을 닦아내던 바위가 밀물에 사라지는 광경을 바라보는 마음에 한 줄기 금이 간다. 이곳 바다를 터전으로 살았던 생명들이 허무하게 사라지고 수만 어민들 삶의 터전이 눈앞에서 사라졌다. 지금쯤 물 아래로 가라앉은 갯바위는 용궁으로 거듭나서 새 생명을 품을 준비를 시작하지 않을까. 오소소 몸에 소름이 돋는다.

장화를 벗어들어도 발이 무겁다. 만리포 사랑 노래 시비 앞에 섰다. 똑딱선 한 척이 해 질 녘 기적 소리를 내며 바다로 나가는 꿈을 꾼다. 모두를 다 품어주는 바다, 검은 눈물까지 받아 뜨거운 가슴으로 정화시키는 바다, 요람인 바다를 꿈꾼다. 바다로 나갔던 통통배가 새벽이면 반선으로, 갈매기 노래하는 만리포로 돌아오는 꿈을 꾼다. 여명이 서서히 퍼지면, 남편이 거두어들인 그물에서 잡은 은빛 고기를 팔러 아낙이 신 새벽에 함지박을 이고 집을 나서는 꿈을 꾼다. 썰물로 빠진 바다가 밀물로 되돌아오듯이 사라진 터전이 수백만 발자국이 뭉쳐서 이룬 사랑의 터전으로 돌아오는 꿈을 꾼다. 뜬눈으로 꿈을 꾼다.

※ 2007년 12월 7일, 충남 태안 앞바다에서 홍콩 선적 유조선 '허베이 스프리트' 호와 삼성중공업 소속 해상 크레인의 충돌로 인해 발생한 원유 유출 사고 후의 방제작업 현장.

소원

나무 계단으로 시작된 산행은 처음부터 만만치 않았다. 걸음을 옮길 때마다 계단 턱이 이마에 부딪힐 것 같았다. 한계령에서 출발하는 서부능선 코스는 대청봉을 거쳐 봉정암까지 11km나 되는 장거리이다. 처음 한 시간 반이 힘들고 그 다음부터는 능선을 반복해서 타는 것이므로 다른 코스에 비해 수월하다는 스님의 말씀에 나는 각오를 단단히 하고 호흡을 조절하였다.

배낭에 쌀, 미역, 오이, 과일, 물, 사탕, 여분의 옷, 우산에 샌들까지 매달았다. 남편이 염려스러워하는 눈치였지만 나는 거뜬하다는 듯 자신에 찬 포즈를 취해 보였다. 봉정암까지의 산행이 아무나 할 수 있는 일이 아니라는 것을 여러 번 들어왔던 터여서 일찍부터 준비를 하느라고 했다. 한 달 전부터 매주 두세 번 정도 앞산에 오르고, 오후에는 수영을 했다. 산악 전문인이 신는다는 등산화도 한 켤레 마련하고 보니 자신감이 생겼다.

내가 다니는 절에서는 해마다 한 번씩 봉정암 참배를 한다. 먼저 다녀온 사람들이 깔딱고개를 네 발로 기어 올라간 이야기는 수도 없이 들어온 터다. 칠순이 다 된 보살님을 업다시피 모시고 올라갔다는 무용담을 곁들일 때는 몇 번이고 침을 삼키곤 했다. 부처님의 원력이 없었다면 불가능한 일이었다고 유달리 '부처님의 원력'에 힘을 주어 말하는 그들의 목소리는 힘이 넘쳐 보였다.

봉정암은 부처님의 뇌腦사리를 모신 곳으로, 누구든 그곳에서 기도하면 한 가지 소원이 이루어진다고 한다. 자식이 남보다 많으니 기도할 일이 남보다 많고 소원도 남보다 많은 내가 아니던가. 한 가지 소원이 이루어진다는 것이 고민스럽다. 소원이 어디 한 가지뿐이랴. 급한 마음에 소원을 낭비할지도 모르니 신중하게 생각하기로 한다. 하나를 생각하면 다른 하나가 고개를 내밀고, 그래서 바꾸면 더 급한 것이 고개를 내민다. 예삿일이 아니다. 생각은 생각끼리 부딪치고 부딪힌 것들은 여지없이 깨어진다. 결국, 올라가는 데 일곱 시간이나 걸린다니 그때 생각하기로 미루었다.

시계를 들여다보는 간격이 점점 잦아졌다. 그야말로 첩첩산중이니 오직 지나온 시간만이 목적지가 얼마나 남았는가를 가늠하게 할 뿐이다. 한 시간 반이 지나면 힘들지 않으리라던 스님의 말씀도 이제 믿지 않기로 했다. 억지로 한 등성이를 올라가면 나아지려나 했지만 힘겹게 넘어보면 또 앞을 가로막는 우뚝 솟은 산. 산다는 것도 이렇게 힘들고 높은 고개를 넘는 것이리라. 대청봉은 1,700m 고지다. 내리막을 만나면 내려온 만큼 다시 올라가야 한다. 그럼에도 숨을 고를 수 있는 내리막길이 이어지기를 고대하며 나는 말없이 걸음을 내디뎠다.

입은 옷은 완전히 젖었고, 걸어가는 중에도 이마에서는 땀이 뚝뚝 떨어졌다. 산의 아름다움을 마음껏 담아 가리라던 생각도 이미 사치이고, 올라가면서 결정하리라던 소원도 생각할 여유가 없다. 다섯 시간이 지나면서부터는 어깨가 결리고 무릎에 통증이 오고 있었다. 오른쪽 다리를 옮길 때마다 신음 소리가 저절로 배어 나왔다. 그제야 배낭이 너무 무겁다는 생각이 들었다.

우선 부처님 전에 올렸다가 공양 간에 내어놓을 오이를 나누어 먹기 시작했다. 어차피 누가 먹어도 먹을 음식이니 누구보다 부처님이 사정을 이해해 주실 것이다. 과일을 비우고 물을 비워나갔다. 줄일 수 있는 것은 다 줄여야 한다. 우산과 샌들은 남편의 배낭으로 옮겼다. 그쪽 형편도 힘에 부치기는 마찬가지였지만 염치를 따질 여유가 없었다. 봉정암에 오를 땐 눈썹도 떼어 맡겨두고 가라던 말이 바로 법문임을 이제야 알 것 같았다.

당장 아픔도 힘들거니와 앞으로의 걱정이 이만저만이 아니었다. 골절상을 당한 할머니 한 분이 한 달 반을 절에서 머물렀다는 얘기도 예사롭지 않게 들렸다. 정신이 아득해지고, 남편의 어깨를 건너다보니 자신의 짐을 견디는 것도 힘들어 보였다. 자장율사는 왜 이다지 높고 험한 산꼭대기에 부처님의 사리를 모셔서 나약한 중생을 시험하시나 하는 원망의 마음도 들었다.

산행이 예상보다 늦어져 절에 도착했을 때는 이미 저녁 예불이 끝나가고 있었다. 정성이 하늘에 닿아야 기도가 이루어진다는데, 제 힘에 버거운 욕심을 지고 와서 무슨 염치로 소원을 빌까 생각하니 마음이 천근이었다. 부처님께 삼배하고 뒷자리에 앉아 주지 스님의 법문을 듣는데, 내일 내려갈 걱정으로 법문이 한 자락도 귀에 들이오지 않았나.

예불이 끝나 방으로 건너왔으나 이미 다리는 펴기도 굽히기도 자유롭지 않았다. 움직일 때마다 신음이 나오고 두통까지 겹쳐 온몸이 내려앉았다. 사람들은 철야기도를 할 것이라고 방에 짐만 풀고 다시 법당으로 가버렸다. 나는 새벽에 예불하고 불뇌보탑佛腦寶塔에 참배하려면 좀 쉬어야 할 것 같아서 몸을 뉘었다.

도량석 치는 소리가 새벽의 설악을 깨웠다. 혼신의 힘을 다해 부처님 전에 백여덟 번 절을 하고 부처님 사리가 모셔진 보탑으로 올라갔다. 스님의 목탁소리에 맞춰 바위에서 솟아오른 듯한 오층 보탑을 돌고 돌았다. 보탑 뒤편 큰 너럭바위에 앉아 스님에게서 봉정암의 내력을 듣는데 맞은편 용아름 능선에 자리한 우뚝한 바위들, 기상 늠름한 새벽의 설악이 신령스럽게 가슴으로 들어왔다. 환희심이 일어 가슴이 터질 것 같았다. 지금이다. 소원을 빌어야 한다. 한 가지 소원을.

간절하게 합장하고 나는 머리를 숙였다.

"자비하신 부처님! 제가 오늘 무사하게 설악산을 내려갈 수 있도록 가피加被를 내리소서!"

천천히 무릎을 쓸어보았다. 건너편 부처님 모습을 한 웅장한 바위가 막 솟아오른 햇빛에 반사되어 눈이 부셨다.

어미

반 상자나 남은 감자에서 싹이 나기 시작한다. 감자가 제 살을 버려 키우는 생명의 순이다. 내친김에 감자를 심기로 한다. 씨눈이 모인 곳을 중심으로 네 등분으로 나누었다. 잘린 부분에서 하얀 진액이 젖처럼 배어 나와 제 상처를 감싼다.

사흘간 상토에 묻어 두었던 감자를 밭에 옮겨 심는다. 봄이라고는 하지만 아직 얼음도 채 풀리지 않은 흙을 파는 손끝이 시리다. 빈 휴게실에서 유축을 하고 뼛속까지 떨리는 추위에 움직일 수 없어 돌이 될 것 같다는 둘째가 생각나서 울컥 목이 멘다. 새 생명을 위해 제 살에 싹을 키우고 뿌리를 내려 차디찬 땅속에 몸을 누이는 것이 어찌 감자뿐이랴. 뼛속까지 우려내 자식에게 먹이는 천형의 존재가 세상의 어미다.

퇴근이 늦다며 저희 집에 가봐 달라는 부탁의 전화가 왔다. 둘째는 생후 4개월짜리 딸을 기르는 워킹맘이다. 여섯 시까지 퇴근해서 돌보미 이모에게서 아이를 받아야 하는데 학교 일이 여의치 않은 모양이다. 오늘은 시간이 없어서 낮에 유축도 못했다고 한다. 하루 종일 화장실 한 번 가지 못했다는 딸아이의 목소리가 전화기 너머에서 바람 소리로 울린다.

교사에게 삼월은 힘겨운 시간이다. 학기 초 담임의 업무며 학생 생활지도, 교원 행정업무에 학교폭력 문제까지 겹쳐서 하루가 어떻게 지나가는지 모른다. 둘째는 한 달째 팔이 아파서 여기저기 파스를 붙이고 테이핑을 하고 다닌다. 병원에 갈 시간도 없다. 삼월이 지나면 생활 리듬에 차차 익숙해지겠지 하다가도 저러다 과부하로 몸이 무너져 내리는 게 아닌가 조바심이 난다. 게다가 오늘은 유축도 못했다니 젖몸살이라도 날까 두렵다. 엄마란 아파서는 안 되는 사람 아닌가.

워킹맘의 하루는 눈물겹다. 새벽 네 시에, 자는 아이에게 젖을 물리고 일곱 시에는 유축을 해야 한다. 어미가 없는 낮 시간에 먹을 아이의 양식이다. 식사 준비하랴, 출근 준비하랴, 유축하랴 제 밥 먹을 시간은 없다. 남의 손에 아이 맡기고 집을 나서노라면 가슴은 아프다 못해 미어진다. 허둥지둥 우유 한 잔으로 아침을 때우고 차에 오르면 현기증이 덮쳐온다. 쌀 한 톨도 농부의 손길이 여든여덟 번이나 간다는데 하물며 자식 기르는 일이 오죽하랴. 엄마가 된다는 것은 양초가 눈물을 쏟으며 제 몸을 불살라 세상을 밝히는 일이다. 굳은살 박이고 맷집 세지면 마음이 느긋해지는 어느 저녁도 있지 않겠느냐는 말을 위로라고 했다.

직장생활 사 년 만에 육아 문제로 사표를 던졌다. 육아 휴직제도도 없던 시절이었다. 출가외인이니 시댁과 의논해서 결정하라시던 내 어머니께 미안했다. 말씀은 그리하셨지만 당신처럼 살지 말라고, 오로지 자식 위해 희생하신 어머니의 마음이 허방을 짚었으리라. 직장에 남아 있는 친구들은 해마다 키가 한 뼘씩 자라는데 집에만 들어박혀 있는 나만 점점 왜소해져 가는 상실감으로 한동안 우울했다. 아이들을 기르면서 내 딸들이 인생을 통째로 아이에게 내맡기는 것은 참을 수 없는 일이라고 주문을 외듯 노래했다. 지나고 나면 잠깐이라고, 육아 휴직을 말리면서 힘닿는 데까지 손을 잡아 주마고 했다. 아이도 이 손 저 손 거치다 보면 사회성도 좋아진다고 궤변을 늘어놓았던가.

사회생활과 육아를 병행한 친구들이 겪었을 남모를 신역과 고통의 무게를 이제야 새긴다. 밤새 잠을 설치고도 새벽이면 잠든 아이 깰세라 뒤꿈치를 들고 출근 준비로 조바심하는 둘째를 생각하면 가슴이 저리다. 퇴근 후에 느긋하게 차 한 잔 마실 여유를 가져본 적이 언제더냐. 물먹은 솜처럼 처져 집으로 돌아와서도 소파에 깊이 앉을 여유는 없다. 아파도 약을 먹을 수 없다. 일하면서 유축하는 일이 너무 힘들어 보여 이제 모유를 끊어도 되지 않겠느냐는 내게 '아이에게 엄마가 해줄 수 있는 일이 이것밖에 더 있느냐'며 벌컥 역정을 내던 딸 앞에서 무참했다. 세상 어미의 삶이 새삼 거룩해 보인다.

유월 하지, 햇볕 쨍쨍한 날 감자를 캐러 가자. 윤하, 유모차에 태우고 추수를 하러 가자. 줄기마다 주렁주렁 실한 감자가 자랑스럽게 올라올 때 제 살 내어준 어미를 위해 축복의 기도를 하자. 한 자루의 씨감자가 열 자루를 돌려줄 때 농부는 세상을 다 얻고 어미는 우주를 얻는다.

그 노인의 선택

전동차의 문이 열렸다. 어린 아들의 손을 잡은 젊은 여자가 나가고 다리가 불편한 칠십 대로 보이는 노인이 들어섰다. 불편한 몸으로 혼자 어딜 다니시나 싶어서 눈살이 찌푸려졌다. 몸을 겨우 추스른 노인이 출입문 입구에서 차량 안을 천천히 둘러보았다.

들어설 때보다 더욱 심하게 다리를 절면서 노인이 경로석 쪽으로 걸어갔다. 빈자리가 있었지만 그는 경로석에 앉지 않았다. 큰 가방을 들고 경로석에 앉아 있는 노동자로 보이는 외국인 남자에게 노인이 무언가를 내밀었다. 그 남자가 노인의 얼굴과 손을 한참 동안 번갈아 보더니 주머니에서 천 원짜리 지폐를 꺼냈다. 노인은 그 남자에게 껌을 팔고 있었다.

나는 자동판매대에서 책을 사느라고 천 원짜리 지폐 두 장을 끄집어낸 지갑 속을 생각했다. 주머니에 손을 넣어 보았다. 내게 천 원짜리 지폐는 없다. 만 원짜리를 주고 거스름돈을 챙길 수는 없는 일이 아닌가. 반쯤 감은 눈이 노인의 움직임을 따라간다. 한쪽 다리를 바닥에 끌다시피 걷다가 몇 사람을 건너서 한 자리에 머물러 껌을 판다. 다시 내가 앉은 자리 쪽으로 오고 있다. 눈을 감을까. 간단히 고개를 저으면 되는 일이다.

노인의 남루한 운동화가 점점 가까워 온다. 뒷덜미가 뻐근하다. 노인의 바짓가랑이가 언뜻 멈추는가 싶더니 나를 스쳐 그냥 지나간다. 내 옆의 두 사람을 더 지나 초췌해 보이는 중년 여자 앞에서 그는 멈춰 섰다. 여자가 천 원 지폐만 건네고 노인이 내미는 껌은 사양한다. 그가 말없이 두어 번 고개를 주억거린다. 노인이 다시 움직이고 내 눈도 그를 따라간다. 전화기를 만지작거리는 아가씨를 스쳐 지나고, 캐주얼 차림에 반질거리는 구두를 신은 젊은 남자를 지난다. 천천히 대여섯 사람이나 건너서 책을 읽고 있는 대학생으로 보이는 청년 앞에 섰다. 노인이 껌을 내밀고 청년이 주머니에서 지폐를 끄집어낸다. 그리고도 여러 사람을 더 지나 부른 배를 양손으로 껴안고 있는 임부에게 그는 또 껌을 팔았다.

주말마다 포항으로 가는 시외버스를 타던 시절이었다. 포항까지 가는 시외버스가 경주터미널에 정차할 때면 어김없이 상인이 차내로 올라왔다. 그들은 차에 올라타기 바쁘게 일장 연설을 하고는 승객의 무릎에 행운번호가 적힌 쪽지를 돌렸다. 한정된 물량 때문에 모든 승객을 다 모실 수는 없고 행운권이 당첨되신 분들에게만 특별 서비스로 할인된 가격에 모신다는 것이었다. 다행히 첫날, 나는 행운의 주인공이 되었다. 객지에서 시작한 자취생활에 필요한 공구 세트가 내심 반가웠고, 가격도 시중보다 훨씬 저렴하다니 행운을 포기할 이유가 없었다.

첫 월급을 받고 집으로 가는 길이었다. 그날은 007가방을 든 두 사람의 맑은 청년이 버스에 올라왔다. 어디를 보아도 잡상인으로는 보이지 않았고 표준어 구사로 세련되어 보였다. 당시 유명하던 ○○사의 직원이라는 그들이 부드러운 우단 케이스에서 꺼낸 손목시계를 높이 쳐들었다. 평소 ○○사를 사랑해주신 고객에 대한 보답으로 오늘 아침 인천의 공장에서 직접 내려왔다는 것이었다. 도매상을 거치지 않고 공장도 가격으로 봉사하겠다는 것인데, 유감스러운 것은 딱 두 개만 드릴 수 있다는 것이었다. 나는 가슴이 뛰었다. 어머니의 빨간 내의를 살 생각이었는데, 보이지 않는 내의에 비해 손목을 장식해 줄 저 번쩍이는 시계는 얼마나 근사한 선물인가. 시계를 받아들고 나는 내 행운과 새로 시작된 행로에 대해 진심으로 감사했다.

청년이 내리고 차가 다시 출발했을 때, 여기저기서 쿡쿡 웃는 소리가 들렸다. 그 행운의 당첨이란 기실 세상 물정에 어둡고 어리석어 보이는, 거절할 배짱이 없고 호락호락해 보이는 사람들 차지임을 그때 알았다. 그날 이후 빠짐없이 선택되는 행운을 피해서 나는 자는 척 눈을 감았다.

노인의 선택은 적중했다. 그에게 선택받은 대부분의 사람이 껌을 사거나 돈만 지불했다. 그에게 선택되지 못한 것이 다행스런 일일 수도 있을 터인데 나는 마음이 개운치 않았다. 노인이 그냥 스치고 지나간 사람들을 눈여겨보았다. 짧은 치마에 긴 부츠를 신은 아가씨, 정장을 갖추어 입고 가죽 가방을 든 중년 남자, 제 집처럼 큰 소리로 통화하거나 휴대폰 문자판을 찍어대는 사람, 눈을 감고 자는 체하는 젊은이, 목걸이를 치렁치렁 매달고 화장을 짙게 한 중년의 여인….

심장의 박동 소리가 높아갔다. 나는 숨을 깊이 들이마시고 눈을 감았다. 다음 역에서 전동차가 멈춰 서고 노인은 시야에서 사라졌다. 노인이 지나간 자리에 하교길의 학생들이 왁자하게 쏟아져 들어왔다. 전동차의 출입문이 닫힌다는 안내 방송이 마치 행운의 문이 닫혔다는 소리로 울리며 학생들의 소란 속으로 흩어졌다.

다반사

잠시 머뭇거리다가 들어선다. 전면에 서 계시는 아미타부처님께 세 번 절하고 그를 향한다. 영정사진 속에서 조카가 겸연쩍게 웃는 듯하다. 무엇이 그렇게도 바빴느냐며 그를 한 번 나무라고, 배우보다 더 잘생겼다는 말로 어색함을 덜어낸다. 금강경을 사경하던 그녀가 일어선다. 나는 두려워 마주 서지 못하는데 오히려 그녀는 평온하다. "눈물도 안 나. 꿈에도 안 와. 나는 계모인가 봐." 듣는 내가 가슴이 먹먹해서 돌아섰다.

그녀가 종일 금강경을 읽는다. 납골함 아래 펼친 책상에는 영정사진, 주민등록증, 안경, 게임기가 자리를 지키며 금강경을 사경하는 제 어미를 바라본다. 외줄을 잡고 오직 한마음으로 가는 악착보살처럼 새벽부터 늦은 밤까지 금강경을 읽고 쓰는 그녀는 지금 아들과 함께 있는 듯 평온하다. 삶의 젖을 먹이던 모성이 이제 저쪽 생까지 쫓아가 줄기차게 젖줄을 잇는다.

그가 떠난 지 한 달이다. 전화를 받고 병원으로 달려갔을 때, 응급실 한쪽 커튼 뒤에는 조카가 혼자 누워 있었다. 병원 측에서는 가족을 찾는데 병원으로 오고 있다는 그녀는 좀처럼 나타나지 않았다. 차를 몰고 병원으로 오고 있다는데 한참 후에야 차를 버리고 택시를 탔다는 전화가 왔다.

그녀는 허방을 짚었는지 두 번씩이나 넘어지며 응급실로 들어섰다. 무슨 소리냐고. 아침에 밥 잘 먹고 나간 놈이 무슨 소리냐고 울부짖으며 웃옷을 젖히고 가슴에 엎디어 아들을 흔들었다.

"눈 떠봐라. 숨 쉬어 봐라. 여기 봐요. 눈 뜨잖아요. 눈 뜨는데 왜 죽어요. 손만 차지 가슴은 따뜻한데 왜 죽어요. 의사선생님, 여기 좀 와 보세요. 이놈아, 그 큰 덩치로 숨 하나 못 쉬나. 팔대장성 같은 놈이 숨 하나 못 쉰단 말이가. 벌떡 일어나라. 그렇게 잠이 오나."

아들 부르는 소리가 낭자하다. 친척들이 어미까지 큰일 나겠다며 안절부절못한다.

시계만 들여다보며 비켜서 있던 흰 가운을 입은 두 남자가 자리를 옮겨야 한다며 침대 머리를 돌린다. 그녀는 남자에게 매달렸다. "의사 선생님, 살려 주이소. 내 아들 살려 주이소!" 장례지도사였다.

"여기가 병원인데 어디로 간단 말이오. 못 간다. 못 나간다. 이 좋은 세상에 왜 못 살려. 여기서 안 되면 더 큰 병원으로 가자."

그녀는 몸서리쳤다. 사람들이 힐끗거리며 지나갔다. 한참을 더 기다리던 장례지도사가 다른 방으로 옮겨야 한다며 자리를 바꿨다. "입원실로 간단 말인가요? 입원실로 가자." 허적허적 따라나서는 그녀는 자꾸 무릎이 꺾였다. 서른셋의 꽃다운 청년이 안치실로 가는 것을 우리는 무기력하게 지켜보았다.

안치실까지 따라간 그녀가 냄새라도 더 맡으려는 듯 아들에게 엎디어 일어나지 못한다. 어릴 때부터 손발이 작고 예뻤다며 손과 발을 쓰다듬는다. 한 시간여가 지나면서 나는 냉습이 뼛속까지 스며드는데, 그녀는 갑갑한지 신발마저 벗는다. 이러시면 아무 일도 못한다던 장례지도사의 말에 꿈쩍도 않던 그녀가 아미타부처님 계신 서방정토로 가는 길을 에미가 막을 심산이냐는 내 말에는 털썩 물러앉는다.

천도재를 올린다. 스님의 법문은 의외로 간단하다. 육체는 영혼을 싼 껍데기일 뿐 생자필멸生者必滅이란다. 나고 죽는 것이 큰 일이긴 하지만 없어지는 것이 아니라 인연이 다해서 돌아가는 것이니, 가고 또 돌아오는 일생의 다반사茶飯事란다. 밥 먹고 차 마시는 일이 하루의 순환이라면 생유生有, 본유本有, 사유死有, 중유中有를 순환하는 것이 일생의 이치라는데, 서른셋의 나이로 어처구니없이 순환의 물줄기에 휩쓸린 삶도 다반사란 말인가. 스님의 법문이 해독되지 않은 언어처럼 낯설다. 업장을 녹인다는 금강경을 읽고 아미타불을 청하는 장엄 염불을 높인다.

그는 거짓말처럼 갔다. 회사에서 일하다 복통을 호소했다는데, 사인死因은 머릿속 혈관이 터졌다는 것이다. 병원으로 이송하는 중에 일어난 일이었다. 세상은 산 자의 편이라는데 무엇을 헤집어서 떠난 자를 돌려세울 것인가. 떠나기 전날 그의 카톡에 누구를 향해서인지 모를 "내가 그렇게 만만한가?"라는 넋두리를 남겼다고 한다. 그 말이 명치끝을 후린다. 그가 영악하지 못했다고 나도 그를 쉽게 본 건 아니었을까. 조금은 굼뜬 듯한 무던함, 진중한 참을성이 분초를 다투는 삶과 죽음이 갈라지는 시간을 놓친 건 아닐까. 두 손 합장하고 절을 한다. 노래를 부르듯이 장엄 염불을 왼다. 정한도, 분노도, 슬픔도, 회한도 아미타부처님 품속에서 잠잠하다.

타오르는 향로의 연기가 소리 없이 무너져 내린다. 무너지던 연기가 바람결에 다시 올라간다. 땅속의 갑갑한 어둠 대신 밝고 따듯하고 조금은 소란스런 도심 속 사찰의 2층 미타전. 남향 4층 7호가 그의 집이다. 죽은 자와 산 자가 분리되지 않은 공간, 그의 어린 조카들이 삼촌 아파트라고 부르는 미타전은 그녀의 기도처이자 영면의 집이다. 얼마 전 그녀 부부는 아들 집 위층에 내생에 거처할 자신의 집을 예약해 놓고, 이 방에서 저 방으로 건너가듯 이생에서 저생으로 건너가는 징검다리를 넘나든다.

한잠 푹 자고 좋은 세상에 다시 일어나라. 무구하고 순진했던 서른셋의 아름다운 청년이 아련하다.

활화산을 꿈꾸다

계단을 오른다. 한 계단씩 내디딜 때마다 족쇄 채인 것처럼 다리가 무겁다. 험하고 가파른 길을 오르듯 숨이 차다. 현관 앞에서 숨을 고른다. "다녀왔습니다." 집 안에 들어서면서 외치듯 큰 소리로 인사를 한다. 메아리가 없다. 바깥은 봄기운이 완연한데 실내의 기운은 서늘하다.

어머님은 거실 소파에서 움직이지 않으신다. 무표정한 눈길로 바라보고 있는 텔레비전 화면에 세계 주요 공항에 발 묶인 승객들의 표정이 망연하다. 지난달에 폭발한 아이슬란드의 화산에서 뿜어대는 화산재가 지구 상층부로 올라가 아직껏 유럽 전역의 항공기가 결항이란다. 집으로 돌아가지 못해 공항에서 하늘길이 열리기를 기약 없이 기다리는 승객이나, 빈집에서 한나절 내내 텔레비전만 응시하고 있는 어머님의 초점 맞지 않는 눈길이 또 다른 폭발을 꿈꾸는 듯해서 불안하다.

어머님은 아직도 민첩하신 분이다. 아침에 널어놓은 빨래가 개어져 주인을 기다린다. 아직 꿉꿉하다. 말리려고 다듬어서 베란다에 내어 놓은 취나물도 어느새 모조리 잘게 잘라 놓으셨다. 설거지하다가 잠시 전화 받고 오는 사이에 싱크대에는 밥알이 붙어 있는 밥공기와 양념이 덜 지워진 수저가 완료형으로 제자리에 나란히 업혀 있다. 어머님이 좀처럼 내게서 눈길을 돌리지 않으시니 두 벌 일도 쉽지 않다. 며칠 전에 보았던 에이야프알라요쿨의 분출하던 물기둥을 떠올린다. 주방으로 난 작은 창을 열어 실내 공기를 바꾼다. 신록으로 반짝이는 나뭇잎을 일없이 헤아린다. 찬물을 마셔도 여전히 덥다.

하루 종일 뒷덜미를 따라다니는 어머님의 시선에 온몸의 세포가 반란이다. 어머님은 화분 손질만 하시라고, 집안일에 아무리 영역을 구분 지어도 주방에 미련을 버리지 못하신다. 어제는 염색약을 접시에 풀어 당신의 머리를 단장하셨다. 걸레와 행주를 함께 싱크대에서 빨고 걸레로 식탁이나 싱크대를 닦으신다. 책이라도 읽을까 해서 책상에 앉아 보지만 활자가 눈에 들어오지 않는다. 침대에 누워 천장을 본다. 5분을 채 넘길 수 없다. 눈을 감아보아도 눈물샘이 막혀 언제나 충혈된 어머님의 눈에서 놓여

나지 못한다. 배회하듯 어머님 곁을 맴돈다.

어머님은 내 편이셨다. 셋째 딸을 낳자 산바라지 하러 오신 어머님을 뵙기가 송구스러웠다. 울상인 내게 당신은 아들딸의 점지는 다 삼신 할매의 몫이지 사람의 몫이 아니라고 면죄부를 주셨다. 그리고 삼신상을 정성껏 차리셨다.

"이 가정에 동녀를 점지해 주신 어질고 고마운 삼신 할매요. 볼 것 안 볼 것 다 보고 들을 것 안 들을 것 다 들은 미련한 인생 눌러 용서하시고, 먹고 자고, 먹고 놀고, 낮에는 외 굵듯 밤에는 달 굵듯 거저 삼신 할매 이 가정의 동녀 키워주시기만 믿습니다. 아무것도 모르는 미천한 인생 허물 말고 귀에는 총기를 주고, 눈에는 열기를 주고, 손에는 필재를 주고, 입에는 말문 트이게…."

다음에는 반드시 동자 자리에 터를 팔아 달라는 애원 반, 협박 반의 축원에 죄송스런 생각도 잊고 웃음을 참느라고 진땀을 빼야 했다. 어머님은 땀방울을 뚝뚝 떨어뜨리며 마치 바라고 바라던 첫 손자를 얻은 듯 절절하게 삼신 할매께 빌고 비셨다. 어머님의 축원대로 아이는 잘 자랐고 사내 동생에게 터까지 팔았는데, 당신의 편이 되겠다던 그날의 마음속 다짐은 왜 이다지도 힘겨운가.

"경로당에 모셔다 드릴까요?" 어머님이 고개를 흔든다. 고부간의 대화가 자꾸 끊어진다. 어머님은 어버이날 이후로 닷새째 경로당에 가시지 않는다. 오월 들어 하루가 멀다하고 자식들이 순서대로 모셔가는 강 보살이 외식 후에 집으로 가지 않고 경로당으로 돌아오는 꼴이 마뜩찮고, 딸들이 준 용돈을 굳이 경로당에서 셈하며 찬조금을 척척 뿌리는 이 권사도 역겹다. 옆 라인에 사는 605호조차 보약을 연이어 세 재를 먹었더니 견디기가 한결 수월하다며 좋은 세월을 노래한다. 작년에 새로 한 틀니가 탈이 난 듯 음식 씹기도 불편하다.

돌아보면 너무나 혹사당한 세월이다. 객지에서 공부하는 남편 대신에 논일, 밭일 가리지 않고 상머슴의 삶을 살았다. 열일곱에 시집와서 공부하는 남편 바라지하고, 육 남매 건사해서 교육 시키는 일이 농사만으로 가당한 일이던가. 학비 마련하느라고 농한기에도 길쌈하랴, 자리 치랴, 잠 한번 푸근히 잔 적 있었던가. 베란다에서 화분 받침대 노릇을 하는 자리틀을 내다본다. 일이 지긋지긋해서 대대로 내려오던 집과 전답을 한꺼번에 처분하고 도시로 이사할 때도 차마 버리지 못하고 가져온 보물이다. 고달픈 세월을 함께 보낸 자리들의 갈라 터진 틈새에 먼지가 덕지덕지다. "내 꼴이다." 안약을 거푸 넣으신다.

올해 봄기운은 유난히 행보가 느리다. 초여름인데도 어머님은 아직 내의를 벗지 못하신다. 하루가 다르게 굳어가는 관절은 마디마디 시리고, 골다공증으로 무너져 내린 등줄기에서 찬바람이

인다. 식구들의 화제 속으로 들어갈 수 없는 절망은 텅 빈 고목처럼 무기력하다. 자리틀을 닦으신다. 바디를 입김으로 불어보고 바늘을 정성껏 닦아 광을 내신다. 나는 급한 용무가 있다는 듯 외출을 서두른다.

그 겨울의 서울역

왈칵 쏟아져 들어오는 서녘 햇살에 눈이 부시다. 어둡고 긴 터널 저쪽으로 밝은 점 하나가 서서히 동공을 키우며 다가오더니, 마침내 기차가 밝음 쪽으로 몸을 내어 놓았다. 햇살 아래 창밖의 풍광이 일제히 반짝이며 움직이고서야 나는 안도의 숨을 내쉬었다.

역사驛舍로 올라왔을 때 전광판의 시계는 세 시 반을 알리고 있었다. 주머니 속의 기차표를 다시 한 번 확인하고 쇼핑몰의 도서코너를 기웃거렸다. 신간 에세이집 한 권을 사서 구내식당으로 들어갔다. 보글보글 끓고 있는 청국장 뚝배기를 받아서 창가의 빈 테이블에 조심스레 내려놓았다. 숟가락을 들면서 창밖을 내다본다. 포도에는 연방 차들이 줄을 섰다가 떠나고 다음 차들이 그

자리를 메운다. 버스에서 내려 역으로 들어오는 사람이나 역에서 나와 버스에 올라타는 사람, 모두가 잠시 머물렀다 떠나가는 곳, 서울역은 사람을 오래 보듬지 않는 곳이다.

바쁘게 움직이는 사람들 속으로 행진하는 경찰들이 보인다. 줄잡아 스무 명쯤 되어 보이는 그들은 지하철역 쪽에서 이곳 역사로 들어오는 모양인데, 긴장된 표정의 얼굴이 그들의 제복만큼이나 푸르게 보인다. 앞줄에 선 사람들의 손에 든 방패가 새삼 낯설다.

식당에서 나와 보니 주말도 아닌데 대기실의 의자는 거의 차 있었다. 책을 읽을 요량으로 가운데 빈자리로 파고들었다. 표지를 이리저리 살피다가 책갈피를 두어 장 넘겼을 때였다. 바로 곁에서 들리는 쇳소리가 귀를 바짝 긴장시켰다. 한 남자가 목소리를 높여 열을 올리고 있었다.

"권가 놈 그 새끼는 중국 갔다 와서도 십 원 한 장 못 받았다. 개새끼들, 허구한 날 우리 같은 놈만 이용한다. 모두 때려죽여야 해."

누구를 지칭하는지 알 수 없었지만 모두 때려죽여야 한다는 말에 오싹 소름이 돋았다. 그들의 동료가 밀수 조직이나 위장결혼 같은 것에라도 이용당했단 말인가? 책 속에 있던 활자들이 기어 어디론가 도망을 치는지 눈앞이 어지럽다. 비어서 무심코 앉았던 자리는 공교롭게도 노숙자들이 포진하고 있던 자리의 가운데였다.

화장실을 돌아 3층 대합실을 둘러보았다. 난간의 양쪽 자리를 그들이 포진하고, 대부분의 승객은 상가 근처의 자리에 앉거나 서 있었다. 앳되어 보이는 경찰이 두 명씩 조를 맞추어 규칙적으로 지나갔으나 누구를 지도하거나 제지하는 것 같지는 않았다. 방패를 들고 사열을 받듯 들어온 경찰들의 목적지가 바로 이곳이었음을 그제야 알았다.

40대로 보이는 한 여자가 벽면 뒤편에 기대어 잠들어 있다. 남루하고 초췌한 그녀의 눈 밑이 거무죽죽하다. 그녀도 한때는 행복한 꿈을 키우던 날이 있었으리라. 무엇이 그녀를 이 겨울의 서울역으로 몰아내었을까. 서늘한 기운이 내게 전이되는지 가슴이 새삼 시리다. 한쪽 구석에는 한 무리의 남자들이 바닥에 쪼그리고 앉아 신문을 들여다보며 수군거린다. 구인란에서 일자리라도 찾는 것일까. 그 중 한 사람에게 자꾸 눈이 간다. 구부정한 어깨의 뒷모습이 눈에 많이 익은 듯하다. 우리 아재는 이 겨울을 어디서 보내고 있는 것일까. 그 남자가 고개를 돌리면 아재의 얼굴을 확인할 수 있을 것 같아서 자리를 뜰 수가 없다.

나보다 다섯 해나 늦게 태어난 뱃속 아재. 대학을 졸업하고 청춘을 바쳐서 열성으로 일하던 회사가 문을 닫았을 때, 그의 꿈도 함께 문을 닫은 사람이다. 주위에서는 아직 젊으니 무엇이라도 다시 시작하지 못하랴 했지만 마흔 후반의 그가 새 직장을 구하기 쉬울 리 없었다. 자라면서부터 지금껏 칭송받았던 착함과 성실함은 무능과 무기력이 되어 처분된 회사의 기계와 함께 고철덩어리로 폐기되고 말았다. 두 해 동안 일자리를 찾아 이리저리 뛰어다니더니 어느 날부터 방안 깊숙이 칩잠했다. 남자가 맨날 방구석에 처박혀 있으니 청소도 안 된다고 투덜대는 아지매의 푸념에 슬그머니 대문을 나선 아재는 돌아오지 않았다. 처음에는 가족들도 바람이라도 쐬고 오려니 했었다. 가방 하나 변변히 챙겨가지 않은 사람이 며칠이나 가겠느냐던 집안 어른들도 열흘이 지나자 안색이 달라졌다. 서울 어느 공원 근처의 무료급식소에서 밥을 먹는 그를 보았다는 고향 사람의 말에 사흘간을 주변을 수소문하였으나 허사였다.

출발시각이 30분도 더 남은 개찰구 앞을 승객들이 늘어서 있다. 조금이라도 더 빨리 이 역사를 벗어나고 싶은 사람들에게, 정면에 걸려 있는 밝고 환한 초대형 광고판은 '레일로 이어지는 행복한 세상'이라는 문구를 띄워서 승객들에게 떠나기만 하면 행복해진다고 부추기는 듯하다.

개찰구로 들어서며 뒤를 돌아보았다. 새롭게 단장한 최신의 대합실에서 어두운 터널을 보는 것 같았다. 그리고 누군가의 웅웅거리는 목소리가 환청처럼 들려왔다. 역은 사람을 오래 보듬지 않으니 잠시 머물다가 이 플랫폼을 빠져나갈 것이라고, 기차가 터널을 빠져나가듯이 머지않아 밝은 햇살 앞에 몸을 드러낼 것이라고.

나는 에스컬레이터를 두고 일부러 계단을 걸어 내려가면서 몇 번이나 멈춰 서서 뒤를 돌아보았다.

염천

초인종을 몇 번이나 눌러대도 안에서는 기척이 없다. 문을 밀어 보았다. 동생은 현관문도 잠그지 않은 채 거실에 누워 천장만 바라보고 있었다. 나를 보고서야 겨우 일어나서 눈인사를 하는 둥 하더니 주방으로 가서 찬물을 벌컥벌컥 들이켠다. 돌아가는 선풍기가 내뿜는 바람이 뜨거운 입김 같아서 오히려 숨이 막힌다. 더위는 세상을 송두리째 삶을 작정인지 입추 지난 지가 한 주도 넘었는데 기세를 꺾을 기미를 보이지 않는다. 열어둔 창문을 통해 뜨거운 바람이 하수도의 악취까지 몰고 들어온다.

텔레비전을 켠다. 스무 날째 삼십오 도를 넘었다고 일기 예보관은 어깨가 반이나 드러나는 옷을 입고도 참기 힘들다는 듯 목청을 높인다. 뒤이어 붉은 머리띠를 맨 노동자들의 날 선 구호가 염천을 달군다. 저들이 약자의 정의를 위한다며 머리띠를 두르고 거리로 나올 때 하청 회사의 노동자들이 먼저 절망한다는 것을 알고나 있는지 물어보고 싶다. 어딘가에 악을 써 보고 싶지만 여남은 명이 일하는 작은 하청 공장의 근로자에겐 어림없는 일이다.

동생이 공장에서 빈손으로 돌아온 지도 벌써 달포가 지났다. 원청 업체가 파업하니 하청 회사에는 닷새도 되지 않아 재고가 쌓여갔다. 더 이상 일거리가 없어지면서 밤낮없이 돌아가던 공장의 자동화 기계가 멈췄다. 결국, 하청 회사의 밥그릇만 빼앗길 것이라고 하늘을 향해 종주먹을 들이대던 사장도 두 주일을 넘기자 종업원들에게 마냥 기다리라는 말만 남긴 채 공장의 문을 닫았다.

욕망으로 우거진 숲은 캄캄해서 앞이 보이지 않았다. 멀리 정상으로 보이는 곳에서 신기루처럼 희미한 빛이 자꾸 동생을 향해 손짓했다. 진작 다른 길로 간 친구들은 아파트의 평수도 쉽게 늘리고 아이들의 사교육에도 열성인데, 정년을 보장받는다는 이유로 그가 들어선 회사는 두 아이를 교육시키며 밥 먹고 살기에도 빠듯했다. 사람살이가 다 때가 있는 법인데, 아이들의 장래를 위해 제대로 밀어주어야 할 시기를 놓치는 게 아닌가 싶어서 그는 늘 초조해했다. 친구가 프랜차이즈 사업을 함께하자고 제의했을 때 드디어 인생을 결정적으로 뒤바꿀 수 있는 기회가 왔다며 그는 과감하게 사표를 던졌다.

성급하게 들어선 길은 그의 길이 아니었다. 얼마간의 퇴직금과 아파트를 처분한 돈으로 동생이 시작한 사업은 두 해도 버티지 못하고 주저앉았다. 일어서려고 버둥거렸지만, 버둥거릴수록 감당할 수 없는 빚만 늘어갔다. 손을 뻗으려 해도 주위의 모든 사람이 먼저 그를 경계했다. 단절의 벽에 홀로 갇힌 듯 밖으로의 소통이 불가능해졌다. 막막한 공포로 고속도로를 달리다가 중앙 분리대를 들이받고 싶은 충동이 인다는 동생의 눈치를 보는 일도 가족의 또 다른 공포였다.

동생은 나이 마흔 줄에 자동차 부품 공장의 노동자가 되었다. 특별한 기술이 없으니 부가가치가 있는 일은 그의 차지가 되지 못했다. 정규 직원이라 했지만 일한 시간만큼 급료를 받는 것이니 일용직이나 다름없었고, 그가 맡은 일은 지극히 단순한 노동으로 자동화 기계의 노예라고 하는 편이 나았다. 기계가 뱉어내는 부품을 받아서 포장하는 일은 속이 불편할 때 화장실에 다녀올 여유조차 주지 않았다. 대부분 젊은이들은 로봇 같은 생활을 두 달도 넘기지 못했고, 그들이 떠난 자리는 말도 통하지 않는 외국인 노동자들이 채웠다. 이렇게라도 살아야 하나 하는 회의가 수없이 들었지만, 아이들은 나날이 자라고 아내마저 한 푼이라도 벌어 보겠다고 식당으로 나가는 마당에 가장이 하늘만 바라보고 있을 수는 없었다. 그는 어떤 고통이라도 견뎌야 했다. 야간작업도 마다하지 않았는데 원청 업체의 파업이라니, 동생은 건물 옥상에 올라가 짐승처럼 소리를 질렀다.

창가에 매달린 플라스틱 화분 속의 바이올렛 잎이 부서질 듯 바스락거린다. 물을 주어야 하리. 뿌리라도 살아 있다면 다시금 잎이 고개를 들지도 모를 일이다. 주인 잘못 만나서 보름째 물 한 방울 얻지 못해 말라비틀어진 저 화초에게도 봄에는 잎이 푸르렀고, 한때는 앙증맞은 보랏빛 꽃들을 올망졸망 매달아서 식구들의 사랑을 받았다고 누가 상상이나 하겠는가. 사람이나 식물이나 이런 염천일수록 더욱 목이 마른 법인데, 모두가 하찮게 여기는 식물이라고 주인에게서조차 잊혀 버린 신세가 동생을 보는 듯했다.

나는 벌떡 일어섰다. '살아나거라, 살아나거라. 너는 줄기만 잘라서 메마른 흙에 쑤아도 뿌리를 내려 꽃을 피워 올리는 억척이지 않았느냐?' 주문을 외듯 중얼거리며 플라스틱 바가지가 철철 넘치게 떠 온 물을 화분에 들이부었다.

늦여름 꽁무니를 붙잡고 매미가 악을 쓴다. 아무도 들어주는 이 없는 울음을 혼자 밤낮 토해낸다. 해결하지 못하는 분노가 가슴 깊이 독을 쌓는다. 사납게 쏟아지는 햇볕, 오후 네 시. 얼마나 더 기다려야 오늘도 해가 지려는지. 텔레비전에서는 불볕더위가 한동안 더 계속되리라고 예고한다. 이렇게 혹독한 여름은 처음이다.

2부

그만하면 되었다

한해살이로 머물며
싹 틔우고 잎을 키우며 꽃 피워 씨를 맺는
일생을 급하게 도느라 모두 바빴으리.
지천의 햇빛과 바람, 생명을 살리는 땅이
또 다른 생명을 받을 준비로 분주하다.
"그만하면 되었다."
아버님의 대답을 이제야 듣는다.

등대가 있는 언덕

절벽 끄트머리, 대게의 집게발에 단단히 집힌 등대 아래 전망대가 있다. 이곳을 지나는 사람들은 바다는 전망대에서 바라보아야 한다는 듯 차를 세운다. 루미나리에 아치 아래, 나무계단을 따라 바다로 가는 길이 있다. 계단을 한 발짝 내려설 때마다 가슴이 저릿하다.

십여 년 전, 큰 산불로 바람의 언덕이 폐허로 변한 광경을 텔레비전에서 뉴스로 보았다. 울창하던 바닷가 송림이 검은 알몸을 드러내었을 때 사그라진 가슴속의 불씨가 살아나 마음을 데었다. 서른다섯 해 동안 잠들었던 앨범을 깨웠다. 초등학교 교사가 되어 처음 만났던 우리 반 아이들 쉰네 명이 바다를 등지고 활짝 웃고 있었다. 그들의 땀으로 이루었으리라. 이제, 무인 등대가 서고 해맞이 공원이라는 희망찬 이름을 가진 명소가 되었다. 쉼

없이 바람 불던 뒷산 비탈에 스무 기가 넘는 거대한 바람개비의 날개가 허공을 가르는 모습 또한 장관이다. 풍력 발전단지와 관광지, 두 마리 토끼를 잡은 것이 내 일처럼 뿌듯하다. 장년이 되었을 그들 삶의 터전이 굳건하다.

혼자가 되어 처음 세상으로 나온 나를 받아준 넓은 가슴이다. 여기서 결혼을 했고 여기서 첫아이를 얻었다. 제 어미가 배태된 곳에서 세 살배기 외손녀와 해가 솟아오르는 광경을 함께 보고 싶었다. 손녀는 이미 익숙한 곳이라는 듯 '바다' '등대'를 외치며 천방지축이다. 딸네는 제 아이에게 카메라 앵글을 맞추느라 바다는 배경일 뿐 관심이 없고, 사위들 앞에서 근엄하던 남편도 손녀의 환심을 사느라 환호작약이다. 나는 잃은 물건을 찾듯 여기저기를 기웃거린다. 모자를 쓴 듯 다듬어진 나무와 구역을 나누듯 무리지어 핀 꽃들이 짙은 화장을 한 여인 같아서 낯설다. 아찔하고 어지러운 언덕은 사라지고 땅을 밟지 않아도 되는 나무계단은 햇볕에 나른하다.

가슴에 차오르는 기억이 선연하다. 그랬었다. 남정네는 바다로 나가고, 아낙들은 들로 나간 어촌의 한낮은 아이들 세상이었다. 귀신도 잡는다는 해병 검문 초소를 피해 수바우 씨 댁 마당 뒤편으로 몇몇 아이들과 내리막길을 구르듯이 뛰어 내려갔다. 철조망이 앞을 가로막고 갯바위에 박힌 유리조각이 칼날처럼 날카

로웠지만 우리는 익숙하게 장애물을 피해 몽돌해변에 내려섰다. 그곳은 숨은 땅, 외부에 노출되지 않는 금지된 놀이터였다. 거기, 바다 속에 환희의 세상이 있다. 큰 산이 있고, 깊은 계곡이 있고, 검은 숲이 있다. 수초 사이로 물고기가 유영하고 전복, 소라, 골뱅이들이 사는 세상이 있다. 동네 어촌계에서 전복 치패를 방류해서 공동으로 경영하는 바다목장이다. 아이들은 갯바위에서 해바라기를 하다가도 삽시간에 제 키의 두 길이 넘는 계곡 아래로 자맥질을 하곤 했다. 전복은 제자리에서 재빨리 먹어 치우고, 미역 몇 줄기 갯바위에 널어 말렸다.

이제, 주인 없는 초등학교는 이름을 바꿔 D대학교의 해양 연수원이 되었다. 국기 게양대와 교장선생님이 훈시를 하던 조회단이 있던 자리에 호텔식 쉼터가 우뚝하다. 짐을 풀었다. 방 안에서 창문만 열어도 바다와 마주 선다. 창밖으로 보이는 마을이 고요하다. 목선 한 척이 해변에서 졸고 있다. 후리배인가? 긴 꿈에서 깨어난 듯 나는 별안간 바쁘다. 멸치 후리가 있다는 동장의 목소리가 스피커를 타고 흐르는 듯하다.

그것은 축제였다. 집집마다 사람들이 하나 둘 나와 2동 해변으로 달리기 시작했다. 송 선생 손에 이끌려 나도 따라 뛰었다. 한 사람의 손길도 아쉽다. 지나가는 멸치 떼를 후리배 두 척이 양안으로 몰아 나온다. 시간을 다투는 일이다. 멸치 떼가 갇힌 그물을 끌어 올려야 한다. 여자와 아이들까지 온 동민이 합세해서 양쪽으로 나눠 줄다리기하듯 밧줄에 엉겨 붙었다. '어야디야' 소리에 맞춰 후렴을 따라 하면서 줄을 당기노라면 지네 발처럼 매달려 있는 발길들에 채이고 밟히면서도 신명이 하늘에 닿았다. 다 같이 잡아서 똑같이 나눈 멸치 바가지를 안고 돌아오는 그날은 나도 어부였다.

아릿하다. 멸치 후리하던 사람들은 모두 어디로 간 것일까. 바다로 나가 파도와 한판 맞대결로 고기를 잡아오던 어부들은 아직도 돌아오지 않았는가. 진작 그들도 바다와 맞서지 않고 바라만 보고 살았더라면 젊어서 보내지 않아도 될 지아비와 오라버니가 아닌가. 돌멩이에 실을 감아 줄낚시를 하던 어부의 피가 흐르는 아이들은 도시로 떠난 지 오래다. 모래밭에서 맨발로 공을 차던 한 때의 아이들도 이제 기억 속의 풍경이다.

횟감을 사러 해변에서 내륙의 시장으로 돌아선다. 표지판의 지명이 아니면 도저히 알 수 없는 우회도로를 더듬는다. 신새벽에 배가 들어오면 고기만큼 많은 사람들이 쏟아져 나와 해변이 아침 햇살만큼 뜨거웠다. 부린 그물에서 잡은 활어를 득달같이 팔러 나가느라 첫차를 타던 어부의 아낙들이 이제 시장에 푸른 바다를 펼쳐놓고 커다란 뜰채로 물고기를 떠낸다. 기계로 껍질을 벗겨내고 탈수기로 고기를 짜는 횟집 여자의 손길에 썰물이 가슴을 훑는다.

그만하면 되었다

영산홍과 회양목이 줄지어 서있던 둔덕에 앉아 밭을 내려다 본다. 아이마다 다섯 그루씩 심은 매화나무 스무 그루가 제법 실하게 자랐다. 제 영역을 굳건히 지키는 무성한 땅두릅 사이로 개망초 꽃이 한창이다. 밉지 않다. 언 땅을 녹여가며 올라와 먼저 주인 행세를 하던 냉이도 쑥, 익모초, 쇠뜨기와 자리바꿈을 했다. 적당히 어우러진 잡초들이 염천에 시들하다. 여긴 아버님 산소다.

삼 년이면 될 줄 알았다. 노년에 도시의 아파트에서 갑갑하게 사셨으니 유택은 시원한 전원에 마련해 드리고 싶었다. 윗대 묘역만큼은 아니어도 종중산 한 자락, 백여 평에 손자들 마음 놓고 뒹굴 수 있는 터전이 되겠다 싶었다. 시묘살이는 못할지라도 한 주에 한 번 정도는 찾아뵙고 묘역을 가꿀 요량이었다. 봉분이 있는 윗자락 둔덕에 산소를 환하게 밝힐 키 작은 영산홍과 사철 푸른 회양목으로 울타리를 치고, 아래쪽 과수원이 있던 자리에 밭을 일구어 고추 심고 호박을 놓으리라. 성묘하고 돌아갈 때 고추랑 호박을 정성으로 챙겨가는 자손을 내려다 보시는 아버님이 흡족해하시리라 꿈꾸었다.

제초제를 치거나 비닐을 덮는 일은 삼가기로 했다. 땅을 해코지해서는 안 될 일이었다. 괭이, 쇠스랑, 호미와 삽을 사서 자동차 트렁크에 실으며 의기양양했다. 잡초와 싸울 당찬 계획을 세우고 땡볕을 피해 이른 새벽에 집을 나섰다. 잔디나 밭작물 외에는 아무것도 발붙이지 못하도록 뿌리째 뽑아내어 흙의 맨살이 드러났다. 하지만 한 주일이 지나고 놀아보면 비질한 듯 말끔했던 땅은 주변 풀밭과 크게 다르지 않았다. 기어이 이기고야 말겠다는 싸움꾼의 심정으로 덤비기를 삼 년, 그 해는 유난히 여름의 발걸음이 빨랐다. 새벽부터 어스름까지 콩죽 같은 땀을 쏟으며 뽑아내고 걷어내는 잡초와의 전쟁은 지난했다. 시골서 자라 농사일을 안다는 남편도 돌아올 때는 운전대를 잡기 힘들만큼 탈진하곤 했다.

장마가 시작되고 주말마다 비가 내렸다. 3주를 거르고 4주째, 하늘이 열리자마자 득달같이 달려갔을 때 산소는 발 디딜 곳조차 없었다. 장마철의 잡초는 가히 점령군이었다. 둑새풀 사이에는 꿩이 집을 지어 알을 낳고, 웃자란 바랭이, 명아주의 키는 허리께를 넘어섰다. 쇠비름은 감자밭을 점령하고 환삼덩굴은 고춧대고 호박넝쿨이고 닥치는 대로 감고 올랐다. 잡초는 관목 울타리를 지나 잔디는 물론 봉분조차도 덮을 기세였다. 묘소에 잔을 치고 절을 하던 남편이 그대로 엎드려서 일어나지 못했다.

"아부지요, 낫 한 자루로 할배 산소는 비단결처럼 가꾸셨는데, 이제는 앞마당이 잡초밭이 되는 걸 보고도 그냥 계시는교? 울안에 들어오는 놈이라도 좀 막아주소. 삼 년 공들인 잔디가 다 녹았구마."

예초기를 들이대었다. 잔디라도 살려야 했고, 잡초와의 싸움에서 졌다는 사실을 인정하고 싶지 않았다. 한여름, 분노한 예초기의 칼날이 돌아간다. 허리까지 차올라온 풀이 시원스레 쓰러지고, 매화나무 두 그루가 따라 쓰러지고, 주렁주렁 고추를 매단 고춧대가 쓰러지고, 울타리를 이루었던 영산홍, 회양목이 차례대로 쓰러졌다. 처음부터 고라니의 밥이 된 고구마는 진작 적선이라도 했다지만 쇠비름과 겨뤄가며 악착스레 땅속에서 줄기를 뻗어 알이 굵어가던 감자는 날벼락을 맞았다.

그곳은 자궁이었다. 공간만 있으면 재빨리 새 생명을 잉태하고 기르는 어머니의 본성. 어머니의 눈으로 바라보았더라면 잡초雜

草의 다른 이름이 지초芝草이고 약초藥草 아니던가. 형제 또는 이웃끼리 서로 비켜주고 나누며 함께 어울려 사느라 터무니없이 웃자랄 일도 없었을 터이다. 여태 우리는 이른 봄부터 뿌리내리기 무섭게 풀을 뽑아내어 끊임없이 자궁을 비워준 격이었다. 미안했다. 그들도 재배식물과 경쟁하기도 힘든 터에 침략자의 가당찮은 공격에 맞서 싸우느라 덩달아 전의를 다졌으리라.

봄, 여름을 전사처럼 싸웠고 가을이면 완패로 주저앉은 삼 년이었다. 이길 리 없는 싸움을 하느라 몸살을 심하게 앓았다. 그간 전의를 품고 저희를 몰아내려는 침략자를 대적하느라 그들도 숨찼겠다. 한해살이로 머물며 싹 틔우고 잎을 키우며 꽃 피워 씨를 맺는 일생을 급하게 도느라 모두 바빴으리. 지천의 햇빛과 바람, 생명을 살리는 땅이 또 다른 생명을 받을 순비로 분주하다.

"그만하면 되었다."

아버님의 대답을 이제야 듣는다.

톤레삽의 아이들

허술하게 걸쳐진 판자를 밟고 조심스레 배에 오른다. 배의 입구가 낮아 보여서 머리를 숙이고 들어가려는데 "머리 조심하세요."라는 어눌한 발음의 우리말이 들렸다. 나는 목소리의 진원지를 찾아서 고개를 들다가 정면으로 이마를 부딪고 말았다. 예닐곱 살쯤 되어 보이는 바짝 마른 맨발의 사내아이가 머리를 조아린다. 공연한 참견이 내심 불쾌했다. 필시 구걸을 위해 배에 올라온 것 같아 나는 아이에게서 경계의 눈길을 늦추지 않았다.

우리 일행의 승선이 끝나자 사내아이는 배의 난간에서 뛰어내렸다. 돌아가겠거니 생각하는데 그는 뭍에서 배와 연결된 판자를 떼어내고 물이 제 가슴팍까지 차는 호수로 들어갔다. 그리고 또래로 보이는 한 아이와 함께 뱃머리의 방향을 바꾸면서 배를 호수로 밀어내기 시작했다. 좌우로 내다본 호수는 우수, 오수, 생활용수, 기름의 집합지로 캄보디아의 고단한 역사를 고스란히 받아안은 듯한 암흑의 빛깔이었다.

수평선이 아득하게 보이는 바다 같은 호수, 톤레샵의 가슴속으로 물길을 열고 들어가는 나는 소녀처럼 설렌다. 조금이라도 더 많은 것을 보기 위해 뱃머리 쪽으로 자리를 옮겼더니 언제 돌아왔는지 사내아이가 그곳에서 무료한 듯 손장난을 하고 있다. 어리광을 부릴 어린아이인데 더러운 물속에 온몸을 던져 노동하는 그를 의심의 눈으로 본 내가 겸연쩍다. 초콜릿을 주었더니 두 손을 모으고 고개를 숙인다. 검은 얼굴에 유난히 흰자위가 큰, 순한 눈을 가진 아이였다.

물과 땅이 서루 살을 맞대고 있는 호안에는 어디든 그들의 삶이 너울거린다. 잿빛보다는 검정에 가까운 물속에 나무기둥으로 뿌리를 박고 야자수 잎으로 얼기설기 둘러싼 오두막들이 마을을 이룬다. 설거지하고 있는 아낙을 본다. 시커먼 물에 씻어 벽면에 걸어둔 냄비가 유달리 하얗게 빛을 낸다. 오물의 냄새 속에서 천연덕스레 물고기를 잡아 올리는 어부의 표정은 맑고, 해먹에 비스듬히 누워 관광객을 무심히 바라보는 할머니는 여유롭다. 세숫대야 같이 생긴 용기를 타고 유람선에 따라붙어 '원 달러'를 외치는 아이들의 조정 기술은 신기에 가깝다. 건기가 되어 호수의 물이 빠지면 보금자리를 호수 가운데 쪽, 더 깊은 곳으로 옮기는 사람들, 사람의 길이 지상에만 있다는 것이 한낱 내 분별심이었다니.

배가 호수 깊숙이 들어왔는지 형편이 나아 보이는 뗏목 위의 집들 너머로 아열대의 밀림이 휙휙 지나가고, 부레옥잠처럼 떠 있던 학교와 교회도 시야에서 사라진다. 어느새 호수는 망망한 황토 빛 세상으로 출렁이고 뱃전에 부딪히는 바람은 싱그럽고 향기롭다. 더럽고 좁은 상류 쪽 가난한 사람들의 주거지를 빠져나와 다시 뭍으로 오른다. '머리 조심하라'던 그 사내아이가 재빨리 난간에서 뛰어내려 배를 끌어당겨 말뚝에 비끄러매고 다시 판자로 다리를 놓는다. 이제는 내가 그의 작은 손을 잡아주어야 할 것 같아 우물쭈물하고 있는데 "안녕히 가세요."라고 먼저 인사한다. 몇 살이나 되는지, 한국말은 어디에서 배웠는지 물어보고 싶었지만 싱긋 웃어주고 손을 흔드는 것으로 작별했다.

버스까지 걸어가는 동안에도 수많은 아이들이 "팔찌 다섯 개 일 달러." "언니 예뻐요." "일 달러, 일 달러." 한국말로 집요하게 따라붙는다. 먼지투성이에 맨발의 아이들을 도망치듯 피하는데 갑자기 아이들이 종대로 줄을 맞추더니 합창을 한다. 무용까지 곁들인 '산토끼'가 깡충깡충 뛰고, '학교 종' '아리랑'이 끝나고서야 다시 관광객 사이로 흩어진다. 팔찌를 산 사람과 일 달러를 그냥 쥐여 준 사람들의 표정이 대단한 적선이라도 한 듯 도도하다.

오십 년대, 코쟁이만 보면 뜻도 모를 '헬로, 오케이'를 외치며 트럭을 따라 달려갔다던 우리 오빠는 미군이 던져주던 그 초콜릿과 껌의 단맛을 지금도 잊지 못한다. 황토 빛 먼지 속으로 악다구니를 하며 따라붙는 맨발의 아이들과 벗겨진 검정 고무신을 양손에 들고 트럭을 따라 뛰었다던 우리 오빠가 영화의 한 장면처럼 겹쳐진다.

천 년 전, 찬란한 앙코르 왕국의 주인이었고 한때는 우리나라에 식량을 원조했다던 나라의 후손이 그들인가 의심스럽다. 삼모작이 가능한 비옥한 농토와 천연자원의 보고, 담수어의 생산량이 세계 최고라는 동남아 최대의 호숫가에서 그들의 아이들이 비렁뱅이가 되어 오늘의 우리를 에워싸고 어제의 우리를 깨운다. 누가, 무엇이 이 나라 사람들을 이렇게 만들었는가? 치밀어 오르는 분노가 먹빛 호수 가득 일렁이는 슬픔이 된다.

백미러도 떨어져 나간 70년식 한국산 아시아 자동차가 한국에서 온 우리를 태우고 떠날 채비를 하자 여태 묵언 정진하는 수행자처럼 말이 없던 충청도에서 왔다는 옆자리의 교장 선생님이 소리까지 내며 울음을 터뜨렸다. 왁자하던 차 안이 숙연해졌다. '6-1 신도림역'이라는 번호판을 아직도 매달고 있는 관광버스가 먼지를 일으키며 선착장으로 들어온다. 아이들이 그쪽으로 우르르 몰려간다.

가지치기

우리 집 부엌 싱크대 정면에 북쪽으로 난 작은 창이 있다. 설거지를 하면서 바깥 날씨를 읽으려고 창밖을 내다본다. 눈만 들면 마주 보이는 아파트 마당 가운데쯤에 풍성하고 늠름한 기상으로 듬직한 플라타너스 한 그루가 있다. 오늘, 이 나무가 이상하다. 나무의 안위가 궁금해서 까치발까지 해가며 창밖으로 목을 뺀다. 처음에는 지난겨울이 너무 추워서 늦잠을 자나 보다 했다.

안달이 나서 마당으로 내려섰다. 나무는 처참했다. 키가 반 토막 나고, 하늘을 향해 뻗었던 가지들은 한꺼번에 잘려나가 마치 토르소를 보는 것 같다. 남쪽 베란다 창 밖에는 목련이 지고 개나리가 지는가 싶더니 꽃 진 자리에 돋아난 연둣빛 새잎이 하루가 다르게 짙어가는데, 민둥머리에 수족이 잘려나간 플라타너스는

이 봄날에 날벼락을 맞았다. 경비원이 가지치기했다는 것이다. 나무가 시야를 가려 통합 경비에 문제가 있고, 여름에는 새들이 깃들어 나무 아래 주차된 차에 배설물이 떨어져서 주민이 언짢아 한다는 것이다.

장승처럼 서 있는 나무둥치를 보듬어본다. 마주 서 있는 앞 동의 사람들로부터 활짝 열어젖히고 사는 우리 집 안방을 가려주어 덜 민망했다. 여름이면 오가다 마주친 아래 위층 이웃들이 잠시 두터운 그늘에 나무를 기둥 삼아 기대어 서서 담소하며 푸근했다. 삭막한 시멘트 숲 속에서 푸른 기운으로 눈을 쉬게 하던 역할은 이제 끝나고, 초라한 몰골로 계절도 좇아가지 못하는 행색이 씁쓸하다. 어릴 때부터 조금씩 다듬어 주었더라면 이런 수모는 당하지 않았을 것 아닌가. 스무 해지기 친구의 아픔에 덩달아 아프다.

앞산이다. 정상에 서서 고산골의 잣나무 단지를 내려다본다. 사계절 내내 푸른 기운을 뿜어내는 침엽수림이 지금은 앞산의 명물이다. 이십오 년쯤 되었을까? 거침없이 하늘로 뻗어 오른 나무들을 올려다보노라면 조림하던 초기의 풍경이 떠오른다. 4약수탕 쪽으로 화마火魔가 삼킨 자리다. 불에 탄 바닥이 거뭇한 산자락에 시市에서 조성한 어린 잣나무들이 키 재기를 하고 있었다. 그 길을 지나노라면 작은 주머니칼이나 톱으로 어린 나무의 곁순을 잘라주는 사람들이 있었다. 나는 어린 곁가지를 잘라내는 것을 볼 때마다 나무가 아플 것 같아서 마음이 편치 못했다.

가지치기라고 했다. 여린 순을 그냥 두면 곁가지가 되어 제멋대로 자라 쓸모 있는 나무가 되기 어렵다는 것이다. 제멋대로 자란 나무는 크고 반듯하게 키를 키우지도 못하거니와 이웃 나무와 엉켜서 서로의 성장을 방해한단다. 가지치기는 때가 있는 법이어서 시기를 놓치면 자르기도 힘이 들고, 시기가 늦을수록 자른 자리의 상처 자국도 넓고 깊다는 것이다. 그 날의 조림지가 지금, 하늘을 찌를 듯이 높고 곧은 앞산의 명품 잣나무 숲이 되었다. 성장한 잣나무는 이제 그냥 두어도 저절로 아름다운 숲이다. 때를 맞춰 가지치기하고 간벌까지 한 것이 오늘의 잣나무 단지를 있게 했음을 앞산을 오를 때마다 새기곤 한다.

나무의 가지치기가 쓸모 있는 재목과 건강한 숲을 가꾸는 일이라면, 자라나는 아이의 교육은 훌륭한 인격과 건강한 사회를 이루는 바탕이다. 남을 배려하는 마음, 질서를 지키는 행위, 부끄러움을 아는 마음이 가정에서 어릴 때 훈육하지 않고 저절로 이루어질 수 있을까? 우리나라의 경쟁력을 높인다는 젓가락질 하나도 어릴 때부터 배우고 익힌 습관 아닌가. 부모를 모르고, 스승을 모르고, 이웃을 모르는 아이들을 보면 가지치기의 때를 놓쳐 제대로 자라지 못한 나무를 보는 것 같아 안타깝다.

학교폭력이 사회문제가 되는 시대가 되었다. 가장 안전해야 할 교실이 폭력의 현장이 되었다는 뉴스를 접하면 손녀를 기르는 나는 밤잠을 설친다. 순진무구한 이 어린아이에게 무엇을 북돋우고 무엇을 솎아 줄 것인가. 칭찬만이 능사는 아닐 것이다. 어린 날 우리는 두레상에 앉을 때마다 어른들이 먼저 수저를 드신 후에야 숟가락을 들 수 있었다. 지금 생각하면 기다리고 참는 버릇이 그 시절에 배인 습관이 아닌가 한다. 어릴 적 엄격하게 교육받지 못한 아이들은 어른을 모르고 자리를 모른다. 어쩌다 골목에서 한 무리의 청소년들을 만나면 고삐 풀린 소를 만난 듯 불안하다. 대중이 함께 이용하는 버스에서도 수줍고 예뻐야 할 나이의 여학생들조차 상스런 욕설을 거침없이 내뱉고도 부끄러움을 모른다.

어린 가지를 쳐주던 손들이 그립다. 조림하고도 제때 가지치기를 하지 않았다면, 오늘 저토록 우람하게 하늘을 찌르는 잣나무 숲이 가능했을까. 때를 놓쳐 무참히 가지가 잘려나간 우리 집 앞 플라타너스도 지금쯤 상처를 삭이고 새순을 밀어내었으려나.

봄을 먼저 맞으려다

밀재, 정류장도 아닌 산모롱이 국도 변에 버스가 선다. 버스에서 내린 등산대원들이 대장의 인솔로 산비탈 옆구리에 트인 토끼길을 따라 산에 오른다. 아직도 응달진 산자락에 쌓여있는 눈이 지금 여기는 겨울이라고 말하는 듯하다. 꽃샘추위라더니, 그제부터 뚝 떨어진 기온에 피다 멈춘 벚꽃들이 꽃잎을 열어보지도 못한 채 얼어붙어 허무하게 생애를 끝내는 게 아닌가 싶어서 조바심이 난다. 이 어지러운 계절의 틈바구니에서 이르게 세상으로 먼저 나온 부지런한 꽃도 불안하고, 훈훈한 남풍 한 자락이면 소멸하고 말 게으른 잔설도 마뜩잖다. 절묘하게 교통정리를 해주던 자연의 섭리가 요즘 들어 갈피를 잡지 못하니 사월의 모든 생물이 덩달아 고달프다.

출발지점에서부터 선두를 바짝 따라붙었다. 새로 바꾼 등산화도 자신감에 한몫 거든다. 초면인 일행들의 잘 걷는다는 공치사에 나는 우쭐하다. 추월산 정상에서 여유 있게 점심을 먹고 담양댐을 내려다보며 산과 물이 어우러진 비경에 취해 여유를 부려본다. 호남정맥, 전남 담양에서 전북 천치재로 넘어가는 크고 작은 여러 산을 종주하는 코스다. K산악회의 봄맞이 일정에 봄을 먼저 마중하자는 명분이 통해 친구와 동참한 여정이다.

응달쪽에는 바닥이 얼어붙어서 미끄럽고 군데군데 녹은 눈으로 발밑이 진창이다. 바위에 강하다는 등산화도 내리막 질척한 흙길에서는 힘 한번 써보지 못한다. 미끄러지는 사람들을 보면서 얼마나 힘을 주었던지 내리막 내내 다리가 후들거렸다. 괜히 따라나섰다는 마음이 잠시 늘기도 했다. 추월산 아래 ○○연수원 신축 공사장까지 내려오자 사람들이 여기저기 주저앉는다. 소요된 시간이나 거리로 보아 오늘의 산행은 여기까지가 적절한가 싶다. 초반에 낙오한 등산객을 챙기느라 등산대장도 대열을 이탈했다. 선두를 지키던 사람들 몇몇이 지도를 펴놓고 목적지까지의 거리를 가늠한다. 목적지까지 1시간 40분쯤 더 소요될 것이라고 한다. 다 내려왔다 싶었는데 다시 올라야 하는 길이 내키지 않는다. 건너편 산의 나무에 매달린 리본들이 손짓하듯 펄럭인다. 선두를 지키던 세 사람이 이미 길을 건너고 있다. 친구와 나는 재빨리 그들을 뒤따랐다.

그다지 높지 않은 산들의 연속이다. 한 차례 더 길에 내려섰고 선두를 따라 다시 시작되는 다른 산을 오른다. 일행 대부분이 우리의 뒤편에 있다는 생각에 여유를 부리느라 선두를 바짝 따라붙지 않았다. 언제부턴가 선두로 가던 세 사람이 시야에서 사라졌다. 등산로를 따라 작은 산봉우리에 올라설 때마다 리본들이 서로 엇갈리며 다른 길을 안내했다. 우리는 리본 수가 많은 쪽 길을 선택했다. 겨우 산 정상에 서면 또 다른 산으로 이어지고, 우리가 내려서야 하는 도로는 눈앞의 더 높은 산에 막혀서 어느 쪽으로 트여 있는지 방향을 잡을 수가 없다. 몇 번이나 '야호'를 외쳤지만, 선두나 후미 어느 쪽에서도 메아리가 없다. 등산 대장에게 전화를 넣어도 응답이 없다. 지난겨울 산에서 사십 대 남자가 실종되었다는 뉴스를 본 기억이 어지럽게 지나갔다. 곧 어둠이 내릴 것이다.

나아가다 되돌아서다로 두 시간을 헤맸다. 오직 나무에 달린 리본만이 여기가 등산로임을 안내할 뿐, 이 길이 도로로 나가는 길인지 또 다른 산의 정상으로 오르는 길인지 알 수가 없다. 리본들은 모두가 이 지점을 통과한 산악회나 동호회, 혹은 단체의 이름을 알리는 것일 뿐, 지금 여기가 어디인지 나침반이 되어주지 못한다.

"여보세요?"

친구의 목소리가 산을 울리는 듯 쨍쨍하다. 우여곡절 끝에 터진 등산 대장과의 통화다.

"지금 여기요. 지금 여기…."

급한 마음과는 달리 말이 이어지지 않는 모양이다. 사방이 산일 뿐, 여기가 어디인지 위치를 알릴 방도가 없다. 왜 앞서 갔느냐는 대장의 핀잔도 바깥과 연결되었다는 사실만으로 반갑다. 살아오면서 누구에게 뒤처질세라 늘 전전긍긍했다. 낙오하지 않으려고 종종걸음 치며 살아온 날들이지 않았던가. 아직 오지 않은 봄을 먼저 맞겠다고 남쪽 코스를 선택한 것도 조급함의 다른 얼굴일 게다. 중간에 한 번쯤 뒤돌아보고 낙오한 사람이 있으면 손 내밀어 줄 여유만 가졌더라도 이런 낭패는 없었을 것이다. 뒤돌아보지 않고 앞으로 내달리기만 했던 조바심이 지금 여기 첩첩산중에 갇혀 나아가다 되돌아가다로 도돌이표 되어 제자리를 맴돈다.

용궁 가는 길

세 시 반 수영장은 한산하다. 주부들은 대부분 오전에 다녀갔을 것이다. 비어 있는 한 레인을 잡았다. 앞으로 한 시간은 내가 주인이다.

먼저 킥 판을 잡고 발차기다. 습관처럼 시계를 한 번 쳐다보고 주위를 둘러보며 천천히 앞으로 나아간다. 여남은 명이나 될까? 몇 달 전만 해도 엉덩이를 뒤로 빼고 자꾸 도망하던 아기스포츠단 아이들이 이제는 두려움 없이 물속으로 뛰어든다. 오른쪽 끝 레인에서 줄을 지어 자유형을 하고 있는 아이들의 뒤꽁무니를 마음이 따라간다. 킥 판을 올려놓고 머리를 물속으로 넣는다. 시원하고 짜릿하다. 천천히, 아주 천천히 앞으로 나아간다. 하늘빛 타일 바닥이 맑은 모래가 된다.

스무 살 초입에 나는 동해의 포구에서 4년 동안 살았다. 숨 막히는 도시를 떠나 트인 바다로 가는 것이 꿈이었던 내 소원이 이루어졌던 것이다. 초등학교 교사 사령장을 받고 포항 시내버스 정류장에서 한 시간이나 기다려서 탄 칠포 행 버스는 발 디딜 틈 없이 혼잡했다. 사람 설 자리도 없는데 생선 함지박에다 돼지 새끼까지 탑승했는지, 포대 속의 꿈틀거리는 무엇이 괴성을 질러대고 있었다. 장날이었다. 낯선 처녀를 힐끗힐끗 곁눈질하는 눈길이 두려웠다. 욕설이 반인 억센 악센트의 고성이 귓전을 때렸다. 유난히 검은 얼굴에 거친 손들이 온실 속의 화초를 벌판으로 패대기칠 것 같아 오금이 저렸다. 학부형 집에 겨우 방 한 칸 세 얻어 들어갔지만 해가 진 후에는 혼자 집을 나설 수도 없었다. 해변에는 일몰 후에는 발포한다는 무시무시한 경고문이 붙어 있었고 해병이 밤낮 지키고 있어서 나는 완벽하게 바다와 격리되었다.

계절이 바뀌고, 검정 고무신 신은 아이들이 천사가 되어 내 가슴에 들어왔다. 그제야 그곳 사람들의 욕설이 정겹게 들렸다. 귀신 잡는 해병도 두렵지 않았다. 그냥 바라보는 바다가 아니라 함께 하는 바다임을 알았을 때의 그 환희를 어떻게 표현할 수 있을까? 그 여름, 나는 물의 딸이었다. 바위 사이를 숨바꼭질하듯 기는 게와 얕은 물속의 골뱅이, 그리고 마냥 자유로이 헤엄치는 작은 고기들에게 마음을 송두리째 빼앗겼다. 얼마나 바다를 누볐던지 밤마다 바위에 찍히고, 상처 난 발이 욱신거려 짧은 여름밤의 잠을 무던히도 설쳤다. 수경 너머로 본 바닷속은 지금껏 어디서도 만나지 못한 형언할 수 없는 아름다움이었다. 높고 낮은 산, 그리고 깊고 얕은 계곡에는 해초가 흐느적거리며 춤추었다. 그 사이를 유영하는 물고기들과 기어 다니는 불가사리, 성게, 해삼, 그밖의 이름 모를 생명들. 수면에서 꺾여 통과한 빛이 만들어낸 영롱한 빛의 비경秘境에 심장이 멎을 것 같았다. 이 아름다움을 어떤 방법으로 다른 이들과 공유할 수 있을까 하는 고민으로 가슴 병을 앓았다. 여름이 지나면서는 캔버스를 끼고 바다를 헤매었다. 하지만 유화로는 맑은 그 빛을 표현함에 부족했고, 수채화로는 섬세한 아름다움을 표현하기에 턱없이 모자랐다.

세 시 반, 방해받지 않는 빈 레인을 유영하면서 그때의 바다 속으로 나들이 가는 것은 요사이 찾은 행복이다. 유유히 한 레인을 독차지한 후부터 나는 청정 동해의 한 마리 물고기가 된다. 일렁이는 숲 속을 지나면 용궁이 있다. 용궁 가는 계곡 사이로 납작 엎드린 가자미 한 마리 바닥을 훑듯 헤엄쳐간다. 검은 놈, 알록달록한 놈, 붉은 놈, 뚱뚱한 놈, 날씬한 놈, 이름 모를 고기들이 은빛 지느러미를 힘차게 흔들며 분주하다. 키 큰 나무숲을 지나니 철 이른 전어 한 마리 도망친다. '벌써 찬바람이 불기 시작했나?' 생각에 빠지는데 한 차례 파도가 심하게 친다. 갑자기 옆을 휙 지나가는 침입자가 나타난다. 물풀들이 심하게 요동치더니 용궁으로 가는 길이 사라진다. 길을 잃는다. 사라진 길 위로 반듯반듯한 하늘색 타일이 나타난다. 물 밖으로 올라오니 학교가 파했는지 초등학생들이 준비 운동을 하고, 더러는 강습생들이 새 주인과 자리바꿈을 한다.

샤워실 문을 밀고 들어서니 싸아한 바다 내음 대신 후끈한 비릿함이다. 같은 아파트 옆 라인에 사는 형님이 벗은 몸으로 요가를 하는지 온몸을 비틀어댄다. '이 발광을 하지 않으면 온몸이 아파서'라며 쑥스러운지 묻지도 않은 해명을 한다. 단체로 반신욕을 하는 온탕 쪽의 여인들이 시끌벅적하다. 찬물을 세게 틀어 머리를 번서 헹구었다. 정신이 번쩍 든다.

내 마음의 푸른 길

해 질 녘 둘째와 함께 앞산에 오른다. 삼 년만이라 한다. 진입로 바닥은 말끔히 포장되고, 개나리 울타리가 흐드러졌던 길은 정비되어 식당이 즐비하다. 딸아이는 삭막해진 길을 걸으면서 너무 많이 변한 길을 아쉬워했다.

아이들이 초등학교에 다닐 때 우리는 자주 산에 올랐다. 하루가 다르게 초록으로 변해가는 기운 속에 봄이 익고 아이들이 자랐다. 가위 바위 보로 아카시아 꽃잎을 따서 꿀밤 먹이기 하며 앞서가는 부녀父女는 동화童話 속의 삽화였다. 소나기가 한바탕 내린 후의 여름엔 계곡에서 쏟아져 내려오는 물소리에 온 마음까지 젖어 서늘했다. 쑥부쟁이 지천인 산등성이에 앉아, 올라올 때 주운 잣을 깨고, 돌아올 땐 또 밤을 한 주먹씩 주워오던 가을은 얼마나 부자였던가. 눈 내린 겨울, 시린 손을 불며 하얀 눈 위에서 끓여 먹었던 라면의 맛이 아직도 기억에 생생하다.

딸아이는 그간 입시준비와 취업준비로 자기가 지켜주지 못해서 자연이 훼손되기라도 했다는 듯 미안하다고 너스레다. 마음 아파하는 딸에게 원래 강산은 십 년이면 변하는 것이고, 시민의 편의를 위해 정돈을 하고 포장했을 것이니 고맙게 생각할 일 아니냐고 짐짓 능청을 부렸다. 가난하던 시절에 배고팠던 조상의 한恨으로 이 많은 식당이 생겼을 것이라고 어깃장을 놓으면서도 내 가슴이 먼저 답답해지는 것은 어쩔 수 없었다.

지난해 여름, 아이들과 함께 미국 여행을 했다. 처음엔 역사도 변변찮은 나라에 무얼 기대할 것이 있겠느냐며 시큰둥해하던 딸들이 시간이 지날수록 원시原始와 자연을 보존하는 그들에게 숙연해했다. 지금껏 아이들이 상상했던 미국이 아니었다. 문명의 꽃이 만개한 도시를 생각했던 우리가 만난 것은 문명에 방해받지 않은 둥근 하늘과 원시림, 그리고 누구에게나 활짝 웃으며 인사하는 사람들의 친절과 여유였다. 여러 곳의 국립공원을 다녀 보았지만 문명의 흔적은 극도로 절제되어 차 한 잔 마실 곳조차 없어 불편할 정도였다.

남의 땅에서는 전쟁도 마다않는 그들이 자기 국토를 지킴에 이렇게 성스러울 수 있는지 얄밉기까지 했다. 쓰러진 나무는 수십 년을 그냥 누워 그 후손을 위한 밑거름이 되고, 대부분 집이나 건축물도 나무로 지어져 수명이 다해 쓰러지면 그냥 자연으로 돌아갈 것이었다. 와이오밍, 몬태나, 아이다호 주에 걸쳐 자리한 거대한 국립공원 옐로스톤에는 수많은 간헐천이 있다. 수십 군데서 분출되는 온천수가 그냥 강을 이루고 있지만, 그곳에서 온천 목욕탕이나 호텔은 보지 못했다. 하루 만에 다 돌아볼 수 없는 규모인 공원 안에 나무로 지은 소박한 숙박시설을 보니 존경심으로 고개가 숙여졌다. 그것도 모자라 보존을 위해 앞으로 수십 년간 공원을 폐쇄할 계획이라니 진정한 의미의 경제적 가치를 되새기게 하고, 개발의 이름으로 제 모습을 잃어가는 우리의 산하를 돌아보게 했다.

고향마을 뒤쪽에 신작로가 있었다. 마을 앞은 큰 내가 흐르고 냇물 건너엔 겹겹이 산으로 막혔다. 신작로는 우리에게 희망의 길이고, 동경의 길이고, 밖으로 뻗을 수 있는 탈출구였다. 그 길을 통해 읍내 장에도, 대구도, 서울도 갈 수 있었다. 하루 세 번, 먼지를 일으키며 버스가 지나가면 힘닿는 데까지 버스 꽁무니를 따라 뛰었다. 기름 냄새가 좋았고 먼지가 일으키는 바람이 좋아서 아이들은 버스를 기다렸다. 그때 우리에게 최고의 바람은 언젠가 신작로를 따라 버스를 타고 고향을 떠나 문명을 만나는 것이었다, 나는 초등학교 3학년 때 그 신작로를 따라 도시로 나왔다. 남아있는 동무들이 눈물을 훔치며 손을 흔들 때 나는 버스를 탄 것만으로도 세상을 다 얻은 듯 우쭐했다.

방학 때마다 찾은 고향은 매번 새로운 풍경으로 낯설었다. 초가지붕이 슬레이트 지붕으로, 논두렁이 새로운 신작로로 바뀌더니 윗마을에 보를 막아 감감하게 넓던 냇물이 개천이 되었다. 산골짜기까지 포장도로가 생기고 마당 깊이 승용차가 들어왔다. 앞만 보고 달리는 우리에게 산이나 강은 오직 장애물 같았다. 장애를 헤치고 나아가는 것이 발전의 확실한 증거라고 생각했다. 우리는 정말 대단한 민족이라고 우쭐댔다. 몇 년 전에는 마을 앞산에 그 높은 재를 넘어가는 지그재그 찻길을 내어 새로운 관광명소가 되었다.

요즘 내 아이들은 알레르기성 비염으로 아침마다 콧물을 훔친다. 오염된 공기 때문이라 한다. 약은 흔하지만 먹을 때뿐 치료를 기대하지 않는다. 어릴 적 버스를 따라 먼지를 마시며 흙길을 뛰던 우리는 알레르기라는 단어조차 몰랐다. 우리는 그냥 땅이고, 하늘이고, 물이고, 산과 함께 어우러진 자연이었다.

둥근 하늘과 푸른 산길에 널려 있는, 모든 것이 생명이고 거름이던 때가 어릴 적 신작로를 보며 바깥세상을 동경하듯 그립다. 아련히 내 마음의 푸른 길이 그림처럼 펼쳐지고, 우리가 이미 강을 건넌 게 아닌가 불안해진다.

해거름 돛을 올리고

아직도 고동치는 고대의 동맥, 나일 강 깊숙한 폐부로 들어선다는 생각에 가슴이 뛴다. 남부 아스완으로 항해하는 정기 동력선들 사이에 작은 쌍둥이 돛단배 두 척이 우리 일행을 기다린다.

두 번째 배에 올랐다. 머리에 터번만 둘렀을 뿐 평범한 티셔츠와 바지를 입은 중년으로 보이는 남자와 채 열 살도 되지 않아 보이는 작은 체구의 어린 남자아이가 우리 배의 사공이다. 쌍둥이 배 중 다른 한 척에는 터번 아래로 마치 자루처럼 생긴 흰색 원피스 풍 토가(민속 의상)를 입은 깡마른 노인과 열 서넛 정도로 보이는 건장한 소년이 이방인을 맞는다.

배가 움직이는가 싶더니 두 척의 배가 한꺼번에 왁자지껄하다. 양쪽 사공의 육성 교신이 마치 박물관에 미라로 누워 있는 람세

스가 깨어나 호통이라도 치는 듯 요란하다. 좁은 공간을 빠져나와 배를 강 중심 쪽으로 밀어내는 모양인데 그 일이 만만치 않다. 마침 불어대기 시작한 바람에 파도가 거칠고 배는 심하게 기우뚱거려 두 척이 몇 번이나 서로 부딪칠 뻔했다. 동력선에 매달려 팔힘으로 자신의 배를 밀어내는 남자는 안간힘을 쓰면서 다급한 고함으로 어린아이에게 무언가를 명령한다.

아이는 제 몸이 휘어지도록 노를 젓지만 어린아이의 힘으로 바람에 맞서 배의 방향을 조절하기에는 어림도 없다. 나란히 정박해 있던 첫 번째 배가 빠져나가고 공간이 넓어지자 우리가 탄 배는 더욱 세게 흔들리며 벽처럼 버티고 선 큰 배에 부딪힐 것 같다. 양쪽 배에 몸을 걸쳐 배를 밀어내느라 안간힘을 쓰고 있는 사공이 금방이라도 강으로 떨어질 듯 위태롭다. 여남은 명의 관광객들이 두 사공의 손끝만 바라보며 불안해했다. 사공과 동력선에서 내려다보는 사람들이 모두 이 작은 아이를 향해 덤벼들듯 험악한 표정이다. 우리 일행의 남자 한 분이 아이와 노를 함께 저어 가까스로 큰 배 사이를 빠져나왔다.

염려스러운 눈빛을 떼지 못하던 옆 배의 늙은 사공이 아이에게서 시선을 거둔다. 중년의 사공이 아이의 머리를 세차게 후려친다. 아마도 오늘, 아이가 제 역할을 감당하지 못한 벌인가 싶다. 옆 배의 늙은 사공이 우리 쪽 젊은 사공의 아버지이고, 조수 역을 맡은 소년들이 손자들이라고 현지 가이드가 소개한다.

삼 대가 함께 나일 강의 물살을 가른다. 여유롭게 관광객의 사진을 찍어주며 파안대소하는 저 늙은 사공도 이 아이처럼 그의 아버지로부터 얻어 맞아가며 이 강을 오르내리지 않았을까. 역사의 본류 깊숙이서 보는 그들의 삶이, 사천 년을 이어오는 실천 같아서 경이롭다.

해거름 나일 강에서 돛을 올린다. 펠루카는 오벨리스크를 비롯한 신전을 지은 그 많은 돌을 아스완 상류의 채석장에서 이집트 전역으로 옮겼다는 고대 이집트의 전통적인 돛단배다. 펠루카는 아직도 나일 강의 주요한 교통수단이라는데, 조선시대 마포나루에서 황포 돛대를 올리고 한강을 오르내리던 우리네 돛단배와 흡사하다고 한다.

나일 강의 지는 해를 보려는 관광객들로 이미 많은 펠루카가 온 강을 너울거린다. 멀리 보이는 풍경이 백학 무리가 춤추듯 한가하다. 모터 돌아가는 소음이 없고 기름 냄새가 나지 않아서 청정하다. 고대 인류의 문명이 오늘도 살아 숨 쉬는 나일 강, 서구 문명의 정신적 어머니, 사천 년 전 이집트의 전성기를 연 중왕국과 신왕국의 도읍지 룩소르, 이 생명의 시원 속에 깊숙이 들어왔음에 가슴이 벅차다. 고대 이집트인들은 이 강을 중심으로 이쪽과 저쪽을 경계 지으면서 동쪽을 산 자, 서쪽을 죽은 자의 땅으로 나누었다. 피라미드와 왕의 계곡 같은 무덤들은 해가 지는 곳 황량한 사막 서안 지역에, 도시나 신전은 해 뜨는 곳 동안 지역에 세워 지금껏 이어져오고 있다.

어린 사공은 풍향의 변화에 따라 제 아버지에게 지시를 받으며 분주히 움직인다. 돛의 방향을 바꾸고 돛을 내렸다가 올리느라 연결된 밧줄을 잡아 올리기도 하고 풀어주기도 하는 수고가 눈물겹다. 자신의 몸무게로는 도저히 감당할 수 없는지라 밧줄을 몸으로 감아 풀썩 뛰어올랐다가 내리기를 거듭한다. 마치 타잔의 줄타기를 연상케 하는 그것이 소년의 생업이고 사천 년 문명을 이어가는 영원성이라 생각하니 그 행위를 바라보는 내가 숙연해진다.

영원한 생명을 갈구했던 파라오의 욕망이, 자궁 같은 무덤 속에서 미라가 되어 지금까지 환생을 기다린다면, 고대에서부터 현재에 이르기까지 할아버지에서 아버지, 또 손자로 대를 이어가며 펠루카를 운행하는 것이 더 명징한 영생의 다른 모습이 아닌가 싶다.

뜨거운 태양 빛이 내리쬐던 룩소르에 어둠이 내린다. 룩소르 사원 옆 선착장에 내려 아직도 사천 년 전 신들의 에너지가 남아 있을 땅을 밟는다. 옆 배에서 먼저 내린 늙은 사공이 어린 손자를 기다렸다가 등을 쓸어주며 가볍게 안는다. 역사를 이어갈 내일의 키잡이에 대한 신뢰가 아닌가 싶다.

겨울 벌초

이른 아침 집을 나선다. 하늘과 맞닿은 세상이 온통 잿빛이다. 도심을 채 벗어나기도 전에 눈발이 날리기 시작한다. 남편은 벌초 길을 할배가 보호해 주실 것이라고 혼잣말을 하면서도 확신은 없는지 연신 차창 밖의 도로에 신경을 곤두세운다.

눈발이 점점 굵어진다. 국도를 벗어나 마을 진입도로로 접어들면서 흩날리는 눈, 바쁘게 움직이는 와이퍼의 움직임으로 시야가 어지럽다. 산촌은 간밤부터 눈이 내렸는지 산, 들, 마을조차 경계를 분간할 수 없는 백색이다. 좌청룡, 우백호를 이루는 산속으로 아슬아슬한 길을 뚫는다. 나들이길이라면 눈 쌓인 순백의 세상에 탄성이 나올 법도 하지만 요철이 심한 비포장도로의 자갈 튀는 소리와 지난가을에 제대로 끝내지 못한 벌초 길의 기억으로 나는 사뭇 심란하다.

심원深源, 이름만큼이나 깊은 산촌이다. 고향도 아닌 깊은 산중에 증조 내외분까지 4대가 영면하신다. 시할아버지께서 당신의 부모님을 모시면서 위로 3대, 흩어져 있던 조상의 산소를 이장하신 곳이다. 육대조 아래로 백여 명의 자손이 있다는데, 모두가 살기 바쁘고 멀리 있다는 이유로 지난가을 함께 모여서 벌초할 날짜를 잡지 못했다. 더 이상은 미룰 수도 없는 추석을 이틀 앞둔 날이었다. 장손도 아닌 남편이 나서고, 깊은 산중에 혼자 보내는 것이 불안해서 내가 따라나섰다.

마을 끝자락과 이어진 비탈을 지나 산에 올랐다. 지난여름에 새로운 공사가 있었던 모양으로 처음 얼마간은 포클레인의 바퀴자국이 선명한 황톳길이 이어졌다. 길이 끝나는 지점에 낯선 석조 구조물이 막아섰다. 새로 들어선 묘지 같은데 가까이 가서 보니 우람한 축대를 성곽처럼 쌓아놓고 입구에 돌사자까지 앉힌 성채만한 가족 봉안묘다. 왕릉을 연상케 하는 규모로 산소 수발이 요란하다. 후손들의 벌초와 묘사 길이 수월할 것 같아서 우선 부럽다. 조손 간에 도란도란 소곤거리는 소리가 들리는 듯하다. 살아서 외로운 현대인들이 죽은 후에까지 깊은 산 속에 혼자 쓸쓸히 누워있는 것보다 아래 윗대가 함께 계시니 울타리 되어 든든하겠다. 하지만 죽어서까지 층층 시어른 모시는 일은 며느리인

나는 사양하고 싶다.

봉안묘를 지나자 사람의 발길이 멈춘 산은 올라갈수록 험했다. 몇 해 전만 해도 산 중턱까지 개간한 밭이 있었다. 밭에서 능선으로 이어진 산길이 있었지만 이제 길은 흔적도 없어지고 밭이었던 곳과 길이었던 곳을 칡넝쿨이 한꺼번에 휘감아 완벽한 원시의 산으로 돌려놓았다. 앞선 남편이 지팡이로 잡목을 헤치며 덤불을 밟아 나갔다. 남편의 발자국을 바짝 따라가지만 발밑이 두려워서 나는 걸음을 옮길 때마다 귀를 세우고 약한 바람 소리에도 소스라치게 놀랐다. 산소를 에워싼 큰 소나무 군락이 칡넝쿨을 뒤집어써서 마치 푸른 망토를 걸친 근위병 같다. 마음이 급해진 남편이 성큼 앞서 나가다 덩굴에 걸려 거꾸러지고 말았다. 남편은 일어서지 못했다. 등에 멘 예초기의 기름통이 찌그러지고 예초기의 생명인 칼날이 튕겨 나갔다. 주위를 먼저 둘러보았다. 손 내밀 사람 하나 없다. 나는 처음으로 완전한 자연으로 회귀하시지 못한 조상과 죽어서도 돌에 이름까지 새겨 제 것이라고 우기는 산자의 효도라는 명분을 원망했다.

한참 만에 몸을 추스른 남편이 할배에게 먼저 감사했다. 넘어진 자리에서 별이 번쩍한 사이로 육대조 할아버지의 봉분에서 엄지 손마디만 한 말벌이 분주히 날아 오르내리는 것을 보았다는 것이다. 남편은 넘어진 것이 순전히 벌의 피해를 예견한 할배의 도움 때문이라고 믿는 눈치다. 남편의 믿음에 어이없어 하면서도 어느새 나도 슬며시 동조한다. 아래쪽에 있는 봉분만 벌초하고 훗날을 기약했다.

벌집을 통째로 들어내고 제대로 벌초를 하려면 벌이 움직이지 못하는 엄동설한이어야 한다고 해서 오늘 나선 길이다. 아랫마을에 살며 산소를 돌봐주던 상국 어른이 돌아가신 지 이태째다. 온 산이 우거진 칡넝쿨로 덮여서 어디가 어딘지 가늠조차 할 수 없던 가을에 비해 잡목들이 옷을 벗고 풀이 스러져 바닥을 드러낸 겨울은 산소에 접근하기가 차라리 수월했다.

봉분 한쪽이 깊이 파헤쳐졌다. 그 사이 산짐승이 꿀 냄새를 맡고 봉분 속의 벌집을 공격한 모양이다. 밖에 나뒹굴고 있는 빈 벌집에 쌓인 눈을 털어내고 손으로 집어 올렸다. 야산 나무 벌집에 비해 크기가 열 배는 더 될 성싶다. 나는 괭이로 언 땅을 파서 파헤쳐진 봉분을 메우고 남편은 예초기를 돌린다. 엄동설한에 예초기 돌아가는 소리가 요란하게 산을 울린다. 쌓였던 눈이 칼날 끝에서 풀과 어우러져 회오리를 일으키고, 내리는 눈이 가세해서 공중에 흩어진다. 동면하는 짐승들이 놀라 잠에서 깨어날까 걱정이다.

정면 남쪽으로 보이는 노적봉이 우뚝하다. 이 산중으로 산소를 이장한 지 오십 년도 넘었다는데 아직 끼니를 거르는 후손이 없는 것은 저 노적봉 때문에 받는 조상의 발복 때문일까. 노적봉을 바라보는 심산深山보다 후손이 접근하기 쉬운 야산野山에 이만한 터를 장만하셨더라면 산짐승으로부터의 위협과 후손의 벌초 길을 도우셨을 것 아닌가. 그사이 이런저런 국토개발에 한 자락 편입되기라도 했다면 자손들이 더 높은 노적가리를 쌓지 않았을까 하는 발칙한 생각을 한다.

남편이 언 손으로 자동차 바퀴에 체인을 감는다. 젖은 몸이 얼어붙는지 몸이 서서히 굳어온다. 짧은 해는 꼴딱 서산을 넘어가고 눈은 그칠 기미를 보이지 않는다.

3부

미안하다

혁명 후의 삼엄한 법이
촌부인 어머니를 생명줄을 걸고 사막을 달리는
낙타이게 했다. 오빠를 시골 중학교에 진학시키는 일은
아들을 고향에 묶어두는 족쇄가 될 것이고,
그것은 평생 자식의 등에 지게를 업히는 일이라고
어머니는 단정했다.

이 봄날이 길어도 좋겠다

새장에 갇힌 새, 요즘의 나를 두고 하는 말이다. 밖에서 들여다보는 사람들은 앞뜰에 봄빛이 한창이라며 갇힌 새를 측은하다고 한다.

생후 6개월 된 외손녀가 있는 우리 집은 종일 요란하다. 남편은 할미의 주접이 도를 넘었다고 나무라면서도 채간 아이를 넘겨주지 않는다. 아이는 할미 손가락 길이의 발바닥으로 직립을 지향한다. 수도 없이 주저앉았다 서기를 반복하는 노력에 함께 해야 하는 나는 아이와 하나가 된다. 주저앉는 것은 제 몫이지만 일으켜 세우는 것은 내 몫이다. 아이는 지치는 기색이 없다. 저라고 힘들지 않으랴만 연습 없이는 설 수도 걸을 수도 없다는 것을 알아차린 모양이다. 지름길이 없을까 기웃대다가 번번이 나만 파김치가 된다.

딸 내외가 왔다. 한 달 만이다. 제 아이를 맡긴 것이 죄스러웠던지 들어오면서부터 미안하다 감사하다고 조아린다. 얼마 전부터 낯가림을 시작한 아이는 어미에게는 벙글벙글이고 아비에게는 울음을 터트린다. 매일 스마트폰으로 어미와 만나는 것 때문만은 아닐 것이다. 세상에 거저 얻어지는 것은 없지. 나는 어깨를 힘껏 젖히며 아이를 넘겨준다.

밥을 안치던 참이다. 에미가 젖은 기저귀를 들이민다.

"이게 뭐예요?"

오줌 싼 기저귀도 고 녀석의 얼굴을 보는 듯해서 반갑다. 쌀바가지를 싱크대에 올리고 기저귀를 받아 들여다본다. 투명한 점액질 같은 게 조금 묻었다. 언제부터 그랬느냐고 묻는 말이 사뭇 힐난조다. 그런 적 없었다는 내 말은 힘을 잃는다. 딸아이는 고개를 갸웃거리더니 쓰레기통에 기저귀를 집어넣고 방으로 들어간다. 나머지 쌀을 밥솥에 붓고 물을 가늠하는데, 방에서 다시 나온 딸이 병원에 가 봐야 할지 모른다며 쓰레기통을 뒤진다.

언짢다. 병원에 가는 것만으로 되겠느냐고, 이참에 의사와 함께 살아야 하지 않겠느냐는 말이 목까지 차오르는 것을 삼킨다. 달도 채우지 못하고 세상 밖으로 나온 어린 것을 떼어놓고 편치 않았을 것이다. 다른 엄마처럼 많이 안아주지 못하고 예쁜 짓하는 사진도 찍어주지 못한다. 무엇보다 제 아이에게 일어난 일을 먼저 알지 못한 어미의 마음이 다른 입장까지 챙길 여유가 있겠는가. 삐져나온 가시를 간신히 추스른다.

아이가 태어나기 전부터 나와 남편은 독감에 폐렴 예방접종까지 했다. 그렇게 아기를 기다렸다. 그제는 남편의 재채기 몇 번에 하루도 견뎌보지 않고 바로 병원으로 달려갔다. 3차 예방접종이 이 달에 몰려 있는 손녀에게 혹시 감기라도 옮겼을까 걱정되어 지레 온 식구가 출동한 것을 보고 진료를 마친 의사가 거들었다.

"그러게 처음부터 아이를 맡으면 안 된다니까요."

그래도 세상에서 제일 예쁘다며, 누가 빼앗아 가기라도 할까 낚아채듯 아이를 들쳐 업는다.

2개월 만에 폐렴을 앓아 입원했던 아이다. 밤새 줄기침으로 토하고 숨 가빠 자지러지던 어린 것을 안고 애간장 녹이면서도 다 내 잘못 같아서 더 아팠다. 장독대에 정화수 떠놓고 빌던 그 옛날의 할미처럼 알고 지은 죄, 모르고 지은 죄 용서하시라고 빌고 또 빌었다. 아이를 더듬으며 할미 손이 약손이기를 얼마나 염원했던가. 자다가도 몇 번이나 아이의 숨소리에 귀 기울인다. 기침소리 한 번에도 소스라친다. 요즘은 가습기도 불안하다 하여 방 여기저기 정화수 떠놓듯 물그릇 들여놓고, 룽다를 달아 비손하듯 빨래건조대 들여 젖은 수건을 줄레줄레 건다.

외출에서 돌아올 때는 늘 뜀박질이다. 숨 쉴 새도 없이 계단을 두 칸씩 뛰어오른다. 문을 열고 들어서면 아이의 웃는 얼굴에 온 집안이 환하다. 손 씻을 새도 없이 아이를 덥석 안아 올린다. 팔십 대 시어머니와 육십 대 부부가 산다고 실버타운이라던 우리 집이 다시 맞은 봄이다. 우주가 뒤척이며 움 틔우는 기운에 가슴이 벅차다. 일찍 가시어 뵌 적 없는 내 외할머니를 아이에게서 읽는다. 너는 나다. 그리고 내 어머니의 어머니다. 인과 연이 만나서 사랑으로 열매 맺은 생멸의 순환이다.

파일럿 모자의 안경 낀 펭귄이 하늘을 날고, 아이 소리가 퍼지는 우리 집은 지상에서 가장 생기 넘치는 집이다. 유아용 노래가 통통 튀어 오르면 나도 덩달아 튄다. 사람살이에 이보다 더 귀한 일이 있는가. 네가 꼬까신 신고 문 밖으로 나설 때까지 할미는 새장 속에 머물고 싶다. 이 봄날이 길어도 좋겠다.

※ 룽다 : 불교 경전이나 기원을 적어 바람 부는 곳에 깃발처럼 걸어 놓아 소원을 비는 티벳 사람들의 오색 천

낙타가 달린다

오토바이를 탄 남자가 태어난 지 며칠 되지 않은 새끼낙타를 가로채 쨍쨍한 햇살이 눈부신 사막을 질주한다. 어미낙타가 사력을 다해 새끼를 쫓는다. 끝없이 펼쳐진 사막에서 세상 바쁠 것 없이 터벅터벅 걷는 동물이 낙타가 아니던가. 낙타가 달리는 일은 제 생명을 내놓을 만큼 절박할 때다.

오빠가 초등학교 6학년이 되자 어머니는 재봉틀을 앞세워 짐을 꾸렸다. 가을걷이가 끝나면 쌀섬이라도 챙겨 도시에 방을 내어 주겠다는 할아버지의 회유에도 어머니는 마음을 돌리지 않았다. 열아홉에 시집온 이후 어른의 말씀을 어기기는 처음이었다. 망설일 시간이 없었다. 4월이었고, 8월을 넘기면 거주지 시, 도를 벗어난 중학교 입학시험이 불가능한 때였다. 혁명 후의 삼엄

한 법이 촌부인 어머니를 생명줄을 걸고 사막을 달리는 낙타이게 했다. 오빠를 시골 중학교에 진학시키는 일은 아들을 고향에 묶어두는 족쇄가 될 것이고, 그것은 평생 자식의 등에 지게를 업히는 일이라고 어머니는 단정했다.

낙타는 거센 동물들에 맞서지 않는다. 수천만 년 동안 비옥한 북아메리카 대륙에서 번성했던 낙타는 백팔십만 년 전 빙하기에 알래스카를 거쳐 아시아 서쪽까지, 일부는 아프리카까지 이동했다고 한다. 낙타는 먹고 먹히는 초원에서 밀려나 세상에서 가장 험난한 사막으로 물러섰다. 그것이 유순한 낙타의 생존법이었다.

어머니의 생존법은 터전을 지키는 일이었다. 지아비의 아내이기 전에 한 집안의 종부이고, 머슴을 두량해 농사를 짓고 제사를 받들어야 하는 며느리였다. 공부하러 도시에 나간 지아비가 작은 집 살림을 차렸을 때도 종가의 일을 맡길 데가 없다는 이유로 자리를 지켰다. 기다리면 돌아온다는 집안 어른들의 말씀에 순종했던, 백치처럼 유순했던 당신의 반란이 온 집안을 발칵 뒤집었다. 책임지지 못한다는 아버지의 엄포에도 어머니는 꿋꿋했다. 제정신이 아니라는 대소가의 비난을 감내하고, 우리 남매에게 난생처음인 버스를 태웠다.

외종조부 댁이 낯선 도시에서 유일하게 비빌 언덕이었다. 새 터전은 외종조부 댁과 가깝다는 것 외에 어디 하나 마음 끌리는 곳 없는 극한지대였다. 하루 종일 빛이 들지 않는 북향 골방에 재봉틀 한 대가 유일한 재산이었다. 이사한 지 이레 만에 어머니는 대문에 '삯바느질'이라고 써 붙이고 집주인에게 양해를 구했다. 집 밖을 벗어나 본 적 없는 귀할 귀貴 향기 향香의 이름자를 가진 부녀자가 할 수 있는 일이 그것밖에 없었으리라. 사막까지 밀려나더라도 어머니는 어린 남매를 두 발로 우뚝 세워야 했다.

어머니의 목소리는 낮고 엄격했다. 아무리 힘들어도 목소리를 높이는 법이 없었고 아버지의 허물을 드러낸 적이 없었다. 명절이 다가오고 일거리가 넘쳐 밤을 새우면서도 바느질일은 딸이 거들어서는 안 되는 금기사항이었다. 동상으로 손가락 끝이 갈라져 피가 흘러도 당신은 바늘을 놓을 수 없었다. 골무 밖으로 비어져 나오는 피를 감싸며 '우리 어머니가 이 손을 보셨으면 마음 아파 어찌하셨을꼬.'라는 탄식으로 외할머니가 일찍 세상을 뜨신 것이 다행이라고 자기 스스로를 위로하셨다.

나는 학교를 졸업할 때까지 납부금 걱정을 해본 적이 없다. 가시 식물이나 건초 같은 것들을 먹으면서도 등에 솟은 혹에 영양분을 저장하는 낙타처럼 어머니는 반닫이 속에 혹 하나를 키우고 계셨다. 먹을거리까지 절약하느라 세끼 식사 중 한 끼를 감자, 고구마나 밀가루로 때우면서도 납부금이 고지되면 기다리기라도 했다는 듯 어머니는 혹을 여셨다. 사막 한가운데서도 의연히 서

있는 낙타처럼 누구에게도 손을 내밀지 않는 것이 자신의 삶에 대한 예의였다.

어머니는 늘그막에 새처럼 날아 바깥세상을 두루 보고 싶어 하셨다. 하지만 뜻을 이루지 못했다. 마을 사람들과 울릉도 여행을 할 때였다. 뱃멀미로 어지럼증이 심한 어머니께 동네 사람들이 새로 나온 멀미약 두 장에 다시 두 장을 덧붙여 귀밑에 붙여주었다는데, 평생 약을 먹어본 적 없는 어머니는 그 두 장에 그만 무너지고 말았다. 동네 사람들에 의하면 이틀을 잠들지 못하고 정신줄을 놓아 버린 어머니가 상상할 수 없는 말로 아버지에 대한 증오심을 드러냈다는 것이다. 믿을 수 없었다. 가슴에 칼을 벼리면서 살아온 분이 아니었다. 늘, 세월 탓이지 사람 탓이냐고 하셨다. 개화와 일제 수탈, 변란과 혁명을 거친 시대가 어머니의 모진 삶을 수긍하게 했었다. '어머니도 다 같은 사람이야.'라는 세간의 시선이 더 억울했다. 정신이 이상하다는 연락을 받고 오빠가 울릉도까지 가서 모시고 온 어머니는 밤낮 사흘을 자고 멀쩡하게 일어나셨다. 의사도 정상이라고 진단했다. 그 일 이후로 어머니는 세상을 두루 구경하고 싶다던 꿈을 스스로 접었다.

온 나라를 물에 잠글 듯 폭우가 쏟아 붓더니 언제 그랬냐는 듯 다시 폭염이다. 이제 이승에서의 역할을 다한 당신을 찾아 나는 폭염 속 사막을 두리번거린다. 딸 셋에 늦둥이로 태어난 외손자의 초칠일이었다. 당신 키만큼이나 큰 미역을 들고 딸네를 찾아 온 어머니는 외손자의 기저귀를 젖혀보고 이제 죽어도 한이 없다는 말을 거푸하셨다. 우연일까. 어머니는 외손자가 태어나서 두 달도 되기 전에 갑자기 세상을 떠나셨다. 지난 생에 지은 복이 약해서 이생의 터전이 척박하다던 당신은 세월을 거슬러 지금쯤 본래의 고향, 비옥한 초원으로 돌아가셨을까. 이제 당신의 몫은 다 끝났다며 흡족해하시던 그때의 늦둥이 외손자가 스물하나, 나라를 지키는 장병이다. 오늘, 우뚝 선 내 아들을 어머니께 보여 드리고 싶다.

미안하다

열하나, 열둘, 열셋, 신호음을 헤아리다 얼른 전화를 끊는다. 전화를 받을 수 없다는 신호를 더는 듣고 싶지 않아서다. 다시 누르기를 몇 번. 전화기를 내려놓고 쌀을 씻는다.

5시 50분. 또 전화기를 든다. 여덟, 아홉, 열. 신호음이 이어진다. 전화를 끊는다. 깊은 잠에 빠지면 그럴 수도 있지. 늦어도 할 수 없는 게지. 아마 어제도 밤샘 응급 수술이 있었던 게야. 그러게 사람을 작작 부려 먹지. 전공의는 사람도 아닌가. 불쌍한 것. 몸도 약한 아인데. 하루쯤 쉬어 버려라. 그런다고 설마 무슨 일이야 있겠어. 나중에 무슨 영화榮華를 보겠다고 잠 못 자고, 밥 못 먹고, 햇빛도 못 보고 그게 사람살이인가. 다 잘살아보자고 하는 일 아닌가. 빈 전화기에 대고 궁시렁대다가 전화기를 던져

버렸다.

세탁기에 전원을 넣고 빨랫감을 골라 넣는다. 제 몸 하나 챙기지 못하면서 환자보다 먼저 쓰러질 것 같은 딸아이가 눈에 밟힌다. 빨래는 하고 사는지. 시계를 보다가 단축번호 3을 길게 누른다. 잠에 취한 목소리로 '여보세요' 하는 소리가 들리는 듯하다. '일어났니?' 내 목소리만 울린다. 신호음이 계속된다. 환청이었나. 종료 버튼을 누르고 이번에는 숫자 열 자리를 차례대로 천천히 누른다. 이쯤에서 좀 받아줘라. 전화기를 식탁 위에 올려놓는다.

7시까지는 의국醫局에 들어가야 할 텐데, 지금 일어난대도 이미 오늘은 늦었다. 하루 지각한다고 무슨 큰일이야 있겠는가. 자기네도 사람이면 이해하겠지.

신문을 펼친다. 큰 글자로 뽑은 제목만 보고 건성으로 넘기는데, 전공의에게 폭력을 가한 교수를 처벌해 달라고 학교에 건의했다는 제목에 눈이 긴장한다. 안경을 찾는다. 다시 전화기를 든다. 급하게 열자리를 눌러댄다. 딸아이의 웃는 얼굴이 화면에 뜬다. 몸이 부서져도 할 수 없지. 다 때가 있는 법인데 열심히 배워야지. 저는 수련의 아닌가. 신호음이 끊어지고 전화를 받을 수 없으니 메시지를 남기라는 안내음만 들린다. 이 일을 어쩌나.

막내를 깨워 놓으니 식탁 의자에 다시 드러눕는다. 억지로 일으켜 앉혔더니 식탁을 휘 둘러보고 그냥 일어선다.

"왜 안 먹어?"

"무얼 먹으라고요?"

"배부르면 먹지 마."

멀겋게 끓인 된장국을 식탁에 올려놓으며 괜스레 막내에게 언성을 높였다.

7시 40분, 다시 전화기를 열고 문자를 고른다.

'왜 전화 받지 않니?'

새벽부터 허둥대는 나를 말없이 바라보던 남편도 출근하고 이제 빈집이다.

9시, 딸애도 일과가 시작되었을 시간이다. 세탁기에서 빨래가 끝났다는 부저가 울린다. 전화기를 소파에 던져 놓고 세탁기로 간다. 아뿔싸, 세탁조에 세제 넣는 것을 잊었나 보다. 녹여 놓은 세제는 용기에 그냥 있고 맹물에 돌아간 빨래는 탈수까지 끝났다.

점심시간까지는 전화도 받지 못한다. 그냥 있자니 숨이 막힐 것 같아서 주섬주섬 수영복을 챙긴다. 수영장의 빈 레인을 혼자 돌면서 속으로 다라니를 외운다. 잠시 다른 생각이 끼어들면 다라니가 끊어지므로 집중해야 한다. 잡념에 빠지지 않는 가장 좋은 방법이기도 하고, 기도의 힘을 믿어서이기도 하다. 물 밖으로 나오니 기분이 상쾌하다. 지금쯤 집에 가면 딸아이의 문자가 기다리고 있을 것이다. 발걸음이 급하다.

전화기를 연다. 부재중 전화도, 메시지도 없다. 이제 점심시간이다. 다시 3을 길게 누른다. 응답이 없다. 아무리 바빠도 점심시간에는 전화를 확인해 볼 것 아닌가. 아이의 집을 확인해 달라고 관리인에게 전화했다. 한참 만에 관리인에게서 집이 비어 있다는 회신이 왔다.

12시 40분, 친구들과의 모임에 가는 시내버스에서 오매불망하던 문자메시지를 받았다. 앞뒤 다 잘라먹고 '살아 있어요.' 다. 문자판을 몇 번이나 확인하며 숨을 깊이 내쉰다. 차창 밖의 가로수 잎이 햇빛에 반짝인다. 어젯밤의 지독하던 황사도 어느덧 걷혀있다.

전화기를 진동으로 돌리고 가방에 집어넣었다. 남편도 저녁식사 약속이 있는 날이어서 여유 있게 친구들과 지냈다. 늦은 시각, 집에 돌아와서 전화기를 열었더니 셋째의 부재중 전화가 두 통 있었다. 얼른 전화를 했다.

"일이 있어서 이제야 집에 돌아왔는데, 전화가 두 번 들어 왔길래…."라고 운을 떼었더니 두 번이 뭐냐고 집에 열 번도 더 전화했다는 것이다. 볼일이 있었다고 변명을 하자 "그것 보세요. 엄마도 전화 못 받을 때가 있잖아요?"라는 소리가 싸늘하다. 엉겁결에 "그래 그렇구나. 엄마가 공연히 수선 떨어서 미안하구나." 하며 사과를 했다.

큰 애들에게서 전화가 왔다. 밤샘 당직 서고 개원 50주년 행사 일로 병원에서 바로 학교로 갔다는 것이다. 엄마가 관리인에게 문을 열어보라고 부탁하는 바람에 셋째의 체면이 말이 아니란다. '청소나 좀 하고 살지.' 하려다가 '미안하고 또 미안하다'는 문자를 다시 보내고 나는 망연茫然하다.

빠른 걸음으로 이 강산에 오게 하소서

오늘도 강원 산간은 대설특보다. 안방에서도 어깨가 시리다. 난방 스위치를 올리려다 그만둔다. 그곳은 체감 영하 이삼십 도라는데, 도시에서 집안에 사는 것만도 과분하고 사치스럽다. 한파에 폭설까지 겹쳤다지만 대동강 물도 풀린다는 우수인데 절기를 거스르기야 하겠는가.

입대 전날부터 눈이 무섭게 내렸다. 겨우내 눈 구경하기 어려운 우리 동네까지 도시가 마비될 지경이었다. 관측 이래 최고 적설이라 했다. 입대 사흘 만에 보충대에서 아들의 신병부대 배치 결과가 문자로 왔다. 허겁지겁 지도책을 폈다. 더 올라갈 곳이 없었다. 컴퓨터를 열었다. 남한에서 가장 높은 곳에 위치한 '무적필승 막강 정예 산악사단'. 사회시간에 배웠음직한 지명이지만 낯설다.

부대 이름이 들어간 블로그 여기저기에는 “구름을 발아래 두고 매일 등산한다고 생각하세요. 10월부터 4월까지 눈 옵니다. 지오피 들어가면 육개월간 면회, 외출, 외박 불가능. 마음대로 다니다간 지뢰 밟아 죽습니다. 통일의 그날, 백두산 영봉에 태극기를 꽂는 선봉으로, 전역할 땐 대단한 남자로 다시 태어날 것입니다.” 그 부대 출신들 건설 현장 가면 일당 오천 원 더 준다는 말까지, 많은 정보가 무용담처럼 흥미롭게 한담처럼 가볍게 떠돌아다녔다. 최악의 패를 잡은 기분이었다. 아무것도 해줄 수 없다는 무력감에 절망했다.

집을 나설 때 입었던 옷, 모자, 신발이 닷새 만에 아들을 대신해서 돌아왔다. 상자를 열기도 전에 아들 냄새가 훅 가슴을 파고들었다. 군사우편, 발신인 아들 이름 아래 ‘강한 친구 대한민국 육군’이라는 글씨가 화인처럼 박혀 집안 여기저기를 따라다녔다. 동봉된 편지에는 군인으로서 생활한 지 이틀밖에 안 되는데 가족이 보고 싶다고 했다. 스물한 달, 무슨 일이 있더라도 버티어 내겠다는 다짐도 있었다. 시어머니가 오시기 전에 다급하게 옷과 운동화를 빨았다. 상자는 접어서 보이지 않는 곳으로 집어넣었다. 입술이 타고 신열이 온몸을 휘감았다.

인터넷 카페가 유일한 소통로였다. 훈련 일지에서 아들 얼굴을 확인한 날은 온 식구가 번갈아 환호하고 컴퓨터 모니터가 뚫어지라 보고 또 보았다. 우선 안도했다. 그 자리에 있으니 되었다던 안도는 돌아서서 또 다른 불안이 되었다. 남의 집 아들들은 다 여유로워 보이고, 어떤 이는 V자 사인을 손가락으로 만들어 보이기도 하는데 울 아들은 잔뜩 긴장한 표정이다. 마흔 줄에 얻은 늦둥이, 보충대에 남겨두고 오면서 잡은 손은 어미 손보다 더 보드라웠다. 그 손으로 혹독한 훈련을 견딜 수 있을까. 비염과 아토피가 도져 고통의 나날을 보내는 건 아닐까.

먹을 수 없었고 잠잘 수 없었다. 눈을 붙이면 자꾸 악몽에 가위눌렸다. 관세음보살님께 매달렸다. '제 아들 당신께 맡깁니다. 천의 눈으로 보시고 천의 손으로 거두소서. 그리하실 줄 믿고 먼저 감사드립니다.' 감사기도를 해야 감사할 일이 생긴다기에 하루를 감사기도로 시작했다. 기도의 응답은 첫 편지로 돌아왔다.

보름이 지난 후였다. 추위를 견디는 일이 예상한 것 이상으로 힘들고 지난날의 철없던 행동이 부끄럽다고 했다. 믿고 기다리는 가족을 생각하며 어떤 고난과 역경도 견디고 참아내겠다는 약속도 있었다. '보고 싶습니다. 사랑합니다.'라는 말로 첫 편지는 앞뒤 한 장이 빽빽했다. 신병교육 수료를 앞둘 즈음의 편지는, 행복한 순간들과 힘든 순간들이 정신없이 지나갔다고 했다. 그동안 감기와 몸살, 부상으로 힘들기도 했지만 체력이 좋아졌다고 했다. 하루에도 수십 번, 가족의 편지를 외우듯 읽고 가족의 소중함을 확인한다고 했다. 행복한 순간도 있었다는 말에 처음으로 안도했다.

일 년 만의 정기휴가다. 가슴에 벽돌 석 장을 달고 현관을 들어서는 아들에게서 광채가 났다. 별보다 더 빛나는 벽돌 석 장, 계급장을 쓸어보는 어미를 향해 무거워서 달고 다니기 힘들다는 너스레도 떨 줄 안다. 미덥고 고맙다. 연일 몰아치는 한파는 65년 만의 2월 추위라는 기상 특보로 마음마저 얼어붙는다. 그래도 휴가로 이 추위를 피하게 된 것이 다행이다 싶어 쾌재를 부르며 아들의 방문을 열었을 때, 아들은 자기의 핫팩을 후임병들에게 나누어 주라는 당부의 전화를 하고 있었다. 동료, 선·후임이 서로에게 관세음보살이었구나. 나는 등 뒤에서 아들을 안았다. 많이 컸다. 땅속 깊이 뿌리를 내린 당당한 교목처럼 아들은 훌쩍 자라 있었다. 감사했다.

오늘도 기도로 하루를 연다. 이 땅에 태어난 아들들 모두 전역하는 날까지 무사, 무탈하게 하소서. 그리고 봄이 빠른 걸음으로 이 강산에 오게 하소서.

멱남 선생

이 생生에서의 연은 다했다. 아버지의 마지막 길에 나는 엎드려 두 번 절하지 못하고 '천국에서 만나보자'는 찬송에 묻혀 멀거니 서 있었다. 국화 꽃잎 한 움큼, 흙 세 삽이 아버지께 드리는 마지막 내 정성이었다. 섣달 시린 눈이 내리고 서러운 바람이 지나갔다.

평안북도라고 쓰인 표지판을 지나 묘역을 내려오면서 아버지께 진정으로 미안했다. '내 자리가 왜 여기냐'고 당황해하시는 아버지 특유의 더듬거리는 목소리가 바람결에 웅웅거렸다. 목멱산(서울의 남산) 남쪽에 우거하면서 늘 남쪽의 고향을 잊지 않고 찾는다고 멱남覓南이라 자호自號하셨다는 아버지가 아니신가. 서모庶母는 조강지처와 어린 남매에게서 가로챈 아버지를 끝내 놓아 주지 않았다. 고향으로 돌아갈 수 없는 이들이 북의 고향을 바라보며 잠들어 계신 이북 5도민의 거처에 아버지를 모시고, 자식으로서 참으로 난감하여 울 염치도 없었다. 하관이 끝나고 고등학생 외손녀가 느닷없이 할아버지는 함양이 고향인데 왜 평안북도에 모시느냐고 물었을 때 우리는 서로 눈길을 피했다.

한강 건너의 막막한 운산 너머, 아침저녁으로 남쪽을 바라보았다는 멱남 선생은 고향으로 돌아오지 못했다. 이제 서모의 고향을 바라보는, 이 땅 최북단 남의 집성촌에 더부살이하는 타성바지가 되셨다. 아버지를 지켜내지 못한 자식의 허약한 근기에 혀를 차셨을지, 당신의 인과로 받아들이셨을지 알 길은 없다. 명예와 체면을 중히 여기시던 아버지의 마지막 길을 여법하게 보내 드려야 한다는 허울 탓에 고향으로 모시는 일에 우리는 부끄럽게도 침묵했다.

눈을 감으면 어린 시절의 아버지가 걸어오신다. 할머니의 제사가 있는 여름이다. 해 질 녘 신작로까지 마중 나가면 약간 곱슬머리에 다갈색 베레모를 쓴 멋쟁이 아버지가 유난히 긴 다리로 성큼성큼 걸어오셨다. 미소 띤 얼굴로 “어이!” 하시며 왼손을 번쩍 치켜들면 반가움에 있는 힘을 다해 달려는 갔지만, 와락 안긴 기억은 없다. 잡힌 손을 슬며시 빼고 스스로 멀찍이 비켜섰다. 아버지의 눈길을 피해 땅만 보고 집을 향해 걷노라면 가슴 뛰는 소리가 쿵쿵 울렸다. 아버지의 길에 우리 남매는 장애였고 짙게 드리워진 그림자였다. 고희 문집에 처음으로 내게 지면을 주시고도

〈아버지와의 추억〉, 〈아버지의 고희를 맞이하여〉라고 아버지를 내세운 이복동생들과는 달리, 〈사랑하는 아버지〉를 〈예시던 길을 밟으면서〉로 내 글의 제목을 바꿔 세간의 시선에 장막을 치셨다.

어머니는 패자였다. 모든 것을 빼앗기고도 매사에 살얼음 위를 걷듯 삼가 조심하셨다. 아버지의 뗏목이 견고해야 자식들이 안전하게 강을 건널 수 있다는 어머니의 믿음 때문이었다. 열아홉에 가난한 선비 집안의 맏며느리가 되어 공부하는 지아비를 객지에 보내고, 당신이 가장家長 몫의 짐을 지셨다. 작은 체구로 층층시하에서 고향을 지키고 자식 건사하며 제사를 받들었다. 학자로서 평생 '언간연구'의 외길을 걸어오신 아버지를 원망하는 말을 어머니에게서 들은 적이 없다. 어머니는 '장승도 그 가문에 들어가면 나올 때는 제 발로 걸어 나오는 집안'이었다는 말씀으로 가문에 대한 믿음을 버리지 않았고, 남들이 말한다는 우리 집안의 가풍을 묵묵히 실천하셨다. 아버지보다 열일곱 해나 앞서 예순여덟에 혼자 거두시던 무거운 짐을 모두 내려놓으셨다. 어머니는 저 생에서도 아직도 못다한 며느리 노릇을 하시는지, 층층 시어른 아래 계신다. 집이 훤히 내려다보이는 뒷산에서 고향 집을 내려다보며 아직도 출타 중인 아버지를 기다리고 계시리라.

아버지의 부재는 어린 날의 나를 늘 허기지게 했다. 밤길의 먼 불빛처럼 아득해 보이던 아버지 곁에 입관이 끝나고서야 바짝 다가섰다. 고향 대춧골의 이름을 딴 서재, 만화정晩華亭*에 월조소남지越鳥巢南枝 편액을 걸어두고 뜰에 한 그루의 파초를 심어 그의 운명을 당신에 비유하신 만화정 주인, 멱남 선생의 볼을 두 손으로 어루만졌다. 근년에 들어 "미안하다" "고맙다"고 평생 드러내지 않던 말을 자주 하시던 아버지의 얼굴이 내 두 손안에 들어왔다. 처음이었다. 여든다섯, 아버지의 얼굴은 아기처럼 부드러웠다. 아버지는 유난히 추위를 견디지 못하시는데, 찬 기운에 손을 풀 수가 없었다. 얼굴을 묻었다. "괜찮아요. 이제 제가 양지陽地로 나가겠어요." 아버지의 귀에 낮게 속삭였다. 아버지의 얼굴은 고요하고 편안해 보였다. 다행이었다.

아버지, 어머니 이름 석 자를 나란히 적어 천도재를 올린다. 이제 길고 긴 강을 건넜으니 때론 견고하고 때론 삐걱거리던 뗏목도 소용없으리라. 이제 미안해하지 않아도 된다고, 다음 생에는 빚 없이 만나고 싶다고 소리 내어 원願을 했다.

올겨울은 유난히 춥다. '사연 줄이고'로 시작되는 아버지의 편지가 그리운 날, 나는 북쪽을 향해 학처럼 목을 길게 빼 올릴 것이다.

* 장승도 그 가문에 들어가면 나올 때는 제 발로 걸어 나온다 : 장승처럼 융통성 없고 무지몽매한 사람도 그 가문 사람이 되면 선비 집안의 가풍을 받아 순화되어 스스로 양반이 된다는 말.
* 만화(晩華) : 늦게 피는 꽃. 만추를 장식하는 대추 열매를 일컬음. 고향마을 이름이 대추지 혹은 대춧골.

산행

갈림길에서 바라본 건너편 산등성이는 붉은 물감을 뿌려놓은 듯 진달래가 절정이다. 감탄사를 연발하던 남편이 불쑥 진달래가 군락을 이루고 있는 저쪽 등성이까지 가자며 방향을 왼쪽으로 잡는다. 약수탕까지 간다고 가볍게 따라 나왔는데, 날벼락이다. 전에도 몇 번 동행했던 적이 있어서 그곳까지 가는데 한나절이나 걸린다는 것과 경사가 보기보다 수월찮다는 것을 알고 있던 터이다. 마음이 내키지 않는다.

"여기서 보는 것이나 거기까지 가서 보는 것이 무엇이 달라요?"

"올해 진달래는 오늘이 절정이다."

남편은 벌써 산길을 오르기 시작했다. 별수 없이 뒤따르는데 숨이 가쁘다. 다리는 무겁고 엉덩이는 뒤로 빠지는데, 앞선 그이는 뒤를 돌아보지도 않는다. 두세 명이 넉넉히 앉아 쉬어갈 수 있는 펑퍼짐한 바위에 먼저 오른 남편은 산 능선을 조망하며 여유롭다. 조금만 더 올라가면 나도 쉬겠거니 생각하고 땀을 뻘뻘 흘리며 넓은 바위까지 왔을 때, 서서 기다리던 남편이 횡하니 다시 걷기 시작한다. 한 번 쉬지도 못하고 따라가자니 숨이 턱에 찬다. 그가 기다리는 곳까지 겨우 따라가면 쉴 여유도 없이 다시 출발하기를 몇 번이나 거듭한다. 30년을 함께 살면서 옆 사람을 배려해준 적이 몇 번이나 있었던가 생각하니 새삼 서럽다. 아침 운동을 수년이나 계속해 온 남편을 내가 어찌 따라갈 수 있단 말인가. 아내를 버리고 설마 혼자 가기야 할까 싶어서 주저앉고 말았다.

길섶에 있는 진달래나무에서 활짝 핀 꽃잎을 따서 씹는다. 쌉쌀하다. 지금껏 살아온 생이 이런 맛이었을까. 단맛은 가마득하고 씁쓰레한 맛만 입 안 가득 퍼진다. 그러나 뱉어내기보다는 다시 한 움큼 더 입으로 가져간다. 늘 그랬었지. 어릴 적에 살았던 고향 마을 뒷산은 봄이면 진달래가 지천이었다. 혓바닥이 검푸르도록 따 먹던 꽃잎, 어린 날에도 쓴맛 속에 숨어있는 단맛을 알았던 것일까?

도시로 이사 와서 앞뒷집에 살면서 초·중학교를 함께 다닌 친구가 있었다. 성적도 앞서거니 뒤서거니 늘 비슷했는데, 중학교 2학년 여름 방학이 지난 후 사정이 달라졌다. 2학기가 되더니 그 친구는 나를 한참이나 제치고 학급에서 선두로 우뚝 섰다. 방학 동안 나는 고향의 할머니께 가서 한 달간 산과 들을 누비고 왔는데, 그는 학원이다 개인과외다 작심하고 공부를 했다고 했다. 그 이후로 그는 선두 자리에서 항상 여유 있게 나를 내려다보는 데 비해 나는 그를 뒤쫓아 가며 숨 가빠했다. 때로는 잠을 설쳐가며 노력했고, 이만하면 근접했겠거니 다가가면 그는 늘 한 뼘은 더 멀리 나가 있었다. 알량한 자존심과 누적되는 피로감에 지쳐 나는 그 친구를 멀리했다. 서로 다른 고등학교로 진학하는 것으로 그때의 피로는 풀리는 듯했고, 우리는 자연스럽게 멀어져 갔다. 그사이 몇 차례 이사를 했고, 그 친구가 서울에 있는 대학으로 진학했다는 말을 듣기는 하였다. 그런데 수년 전, 유명 대학의 중견 교수가 되어 텔레비전에 나타난 그녀를 보고 나는 온몸에 힘이 빠져서 주저앉고 말았다. 거울 속의 나는 너무도 초라해서 눈을 감고 싶었다. 끝까지 그를 쫓아갔어야 했다.

벌떡 일어섰다. 뒤늦은 오기인지 후회인지가 심장을 펌프질했을까. 힘이 솟구쳤다. 지팡이 삼아 짚고 가던 나뭇가지를 집어 던지고 나는 꼿꼿이 서서 걷기 시작했다. 남편이 산 중턱에 서서 굽이진 능선들을 바라보며 여유를 부릴 때도 나는 멈추지 않았다. 혼자 산에서 내려가지 않을 바에는 한번은 고비를 넘겨야 할 일이었다. 남편을 제치고 뛰듯이 산등성이에 올랐다.

“오늘은 힘이 넘치는 모양이지?”

마음을 모르는 남편의 말이 평소의 내 허약함에 대한 비아냥으로 들렸다. 산꼭대기를 다시 한 번 쳐다본 나는 입을 열기만 해도 기氣가 다 새어나가기라도 할 것 같아 굳은 표정으로 발걸음만 옮겼다. 먼저 올라가서 너럭바위를 만나면 나도 쉬어갈 참이다. 항상 여유 있게 기다리는 사람이 어찌 뒤쫓아 오며 허덕이는 이의 피로함을 이해할 것인가. 쉬다가 남편이 올라오면 바로 출발하리라.

내려오는 길에 남편이 의아한 눈으로 본다. 짐짓 여유로운 척했다. 늦었지만 이제라도 인과를 배워 제대로 살아 보겠다고 했더니 자식 농사나 제대로 지으란다.

집에 돌아오니 막내가 숙제가 많다며 학원 가기 싫다고 투덜거린다. 호강에 빠져서 그런다고, 잘된 일이라고, 학원 그만두면 엄마가 부자 되겠다고 먼저 언성을 높였다. 막내는 가방을 주섬주섬 챙기더니 거칠게 현관문을 닫고 나간다. 남편이 어이없다는 듯 아이와 나를 번갈아 본다.

추수

추수는 싱겁게 끝났다. 손으로 슬쩍 밀기만 해도 힘없이 넘어지는 배추의 뿌리를 잘라내는 일은 너무도 간단했다. 한 아름이나 되는 튼실한 놈을 길러 낸 뿌리는 젖 빨린 후의 어미 가슴처럼 허한 몰골이었다. 한번 겨뤄보지도 못하고 제 몸뚱이를 잃은 그는 이제 또 다른 생명을 위한 밑거름으로 돌아갈 것이다. 비를 기다리고, 잡초와 힘겨루기를 하고, 벌레와 싸우던 한해의 노동을 마감하고 뿌리는 밭고랑 여기저기에 몸을 눕혔다.

지난봄, 친구의 소개로 농장주가 되었다. 농장이라야 열 평의 밭을 한 해 동안 빌리는 주말농장이지만 스무 해 넘게 아파트에서만 살아온 우리가 흙을 손으로 어를 수 있다는 것은 여간한 설렘이 아니었다. 결혼 삼 년 만에 처음으로 집을 장만하고 남편의 이름을 새긴 문패를 대문 기둥에 달 때처럼 내 이름을 새긴 팻말을 밭둑에 세우는 일로도 나는 천 석지기는 된 듯했다. 게다가 지근한 거리라 마음만 먹으면 주중에도 한 번씩 들를 수 있어서 텃밭이나 진배없었다.

상치와 쑥갓, 배추, 무씨를 뿌리고 주중에도 몇 차례나 드나들며 싹이 트기를 재촉했다. 아직 바람 끝이 찬 봄날, 씨 뿌린 지 두 주, 실눈을 하고 땅을 뚫어지게 보노라니 잿빛 흙이 푸른 기운을 띠고 있었다. 푸르스름한 빛으로 부풀어 오르는 흙 속에서 생명의 저류를 느끼는 기운 같은 것, 씨앗이 힘차게 흙을 밀어내고 제 몸을 밀어 올리는 경이로움이었다.

하늘을 자주 바라보는 버릇이 생겼다. 장화, 호미, 물뿌리개가 전부인 농구를 챙기는 주말은 아침부터 마음이 바빴다. 맑은 공기 한 아름, 밝은 햇빛 한 줄기, 한 주 동안 이 녀석들은 또 얼마나 자랐을까 하는 기대로 마음은 집에서도 밭 언저리를 누볐다. 예쁘게 잘 자란 푸성귀는 친구와 친지에게 나누어 주고 우리 집 식탁에는 작고 벌레 먹은 잔챙이만 올라왔다. 여름 내내 푸른 잎만 먹어대는 나를 보며 아이들은 엄마는 전생에 토끼였을 거라고 하면서 자기들이 돈을 벌면 토끼가 마음껏 뛰어놀 수 있는 놀이터를 마련할 것이라고 떠들었다.

더위가 한풀 꺾이고 나는 더욱 설레기 시작했다. 김장 배추를 심은 후부터는 거짓말처럼 자라는 그 성장력에 갈 때마다 포만해서 돌아오곤 했다. 밭둑에 서서 한 주 동안 자란 녀석들을 눈으로 재어보고 남의 집 배추까지 죄다 둘러본 다음에야 둑을 내려섰다. 한눈에 휘익 둘러보아도 우리 배추가 단연 최고였다. 모종을 옮겨 심고 단 한 차례의 액체 살충제를 뿌렸을 뿐인데, 그렇게 그악스럽다는 병충해도 우리 밭을 비껴갔다. 사랑을 많이 받은 놈이 병도 이기는 법이라는 말이 생각나서 볼 때마다 소리 내어 칭찬하고 어루만졌다. 추수가 끝나면 누구랑 나누어 먹을지를 셈하는 것과 그들이 보낼 경탄도 계산에서 뺄 수 없는 재미였다.

추수를 마치고 돌아오는 길에 몇몇 친구네 아파트 경비실에 배추를 두 포기씩 부리고 챙겨 가라는 연락을 했다. 아침 운동을 함께하는 이웃 형님집 경비실 앞에서 잠시 숨을 고른다. 나누어 먹는 재미도 올해는 마지막이다 생각하니 안고 있는 배추에 새삼 힘이 들어간다. 연결된 인터폰으로 배추를 추수했는데 두고 가겠다고 했더니 마침 오전에 배추를 들였단다. 요즘은 먹을 식구가 없어서 김장도 많이 하지 않는다면서 정성만 받겠다는 것이다. 보물처럼 안고 온 배추를 가지고 돌아서는데 근육이 일제히 굳는다. 검불이라도 바닥에 흘릴까 경계하는 듯한 경비원의 눈빛에 새삼 주눅이 든다. 내게는 자식처럼 귀한 녀석인데 문전박대라니.

배추를 안고 아파트를 돌아 나오는데 입구에 배추를 잔뜩 실은 대형 트럭 앞에서 사람들이 배추를 고른다. 한눈에 보기에도 우리 배추보다 월등히 커 보이는데, 한 포기에 삼백 원이라고 외치는 소리가 아파트가 떠나가도록 쩡쩡 울린다. 나는 싸움에서 진 아이처럼 고개를 떨구었다. 그리고 나누어 주려던 남은 배추를 그냥 집으로 가져왔다. 퇴비를 하고, 시기를 놓칠까봐 해 저문 저녁까지 모종을 옮기고, 땅이 쩍쩍 갈라지는 뙤약볕 속에서 수십 번 길어 물을 주고 쓰다듬으며 가꾼 자식 같은 배추 한 포기가 삼백 원이라니. 내 배추가 삼백 원의 대접을 받는 것 같아서 나눠 준 배추까지 되돌려 받고 싶었다. 한해 농사를 마감하면서 추수를 기다리던 설렘이 싸아한 파도가 되어 가슴속으로 밀려왔다.

아이들을 학교에 보내면서 나는 늘 분주했다. 아이들이 공부를 곧잘 했고, 학교 다녀오는 녀석들의 가방을 여는 내 손이 춤을 추었다. 누구의 어머니라는 이름으로 어머니 회원들은 나를 반장 대하듯 해서 우쭐하기도 했고, 그들에게 점심으로 국수 값 정도를 내는 것 또한 힘이 나는 일이었다. 신문에서 대학 입시에 관한 정보들을 스크랩할 때엔 세월의 더디 감이 아쉬웠다. 큰아이가 고등학생이 되고 모의고사의 성적에 일희일비하면서도 나는 늘 그날을 기다렸다. 아직 때가 되지 않았을 뿐 영광은 내 아이의 몫으로, 나는 황금 들판을 바라보는 농부의 심정으로 추수를 기다렸다. 가끔은 별을 안은 꿈에 도취되어 버스 안에서도 이따금씩 새어나오는 웃음을 참느라고 입을 가리곤 했다. 수능 발표가 났을 때에야 나는 오랜 꿈속에서 깨어났다. 당사자인 아이는 오히려 담담한데, 그 사이 결과가 좋았던 성적만 취했던 나는 오랫동안 아이가 거두어들인 추수를 받아들일 수가 없었다.

빈 밭둑에 서서 나는 지금 몹시 허기지다. 추수가 끝난 후의 빈 밭을 보는 것은 강렬한 사랑이 지나고 난 후의 공허로움이다. 농부의 발자국 소리를 듣고 기운을 얻는다는 채소밭은 발걸음 끊긴 추운 겨울을 얼마나 시리게 보낼 것인지, 또 해가 지면 빈 밭에서 있는 내 이름을 매단 팻말은 어머니를 기다리는 아이처럼 얼마나 목을 늘이고 있을 것인지. 싸늘한 바람에 덧난 상처 자리가 다시금 아리다.

바지를 고치며

재봉틀을 돌린다. 남편이 입던 바지의 허리를 줄여 막내에게 입힐 생각에서다. 허리만 맞춰 줄였더니 엉덩이가 너무 퍼져 영락없는 오지항아리다. 엉덩이 선도 줄이고 허벅지 선도 들여본다. 시침질하고 아이를 불러 입혀본다. 돋보기를 끼고도 몇 번씩 헛손질하는 내게 막내는 바늘에 실을 몇 번 끼워주더니 아예 차리고 들어앉는다.

"가서 네 할 일이나 해라."

"가정시간에 배워서 나도 시침질할 줄 알아요."

"사내자식이 바느질을 배웠다고?"

내리 딸 셋을 낳고 시할아버지께 인사를 드릴 수가 없었다. 셋째가 삼칠일이 지난 후에 시댁에 오긴 했는데, 오매불망 증손을 기다리던 할아버지 앞에 딸아이를 내려놓을 수가 없었다. 건넌방에 아이를 눕히고 혼자 할아버지 방에 들어갔더니 새아기에 대해서는 아무 말씀이 없고 애비는 직장에 잘 나가느냐고만 하셨다. 문을 열고 돌아 나오는데 눈물이 왈칵 솟았다.

셋째가 열 살이 되던 해에 태어난 아이가 막내다. 시아버지는 할아버지가 저세상에 가셔서 보내준 손자라며 귀해 하셨다. 녀석이 기어 다니기 시작할 때부터 산소에 데리고 가면 봉분 위에 손자를 안아 올려놓으셨다.

"증조할아버지시다."

질겁하는 우리에게 시아버지께서는 "할아버지께서도 어깨 위에서 노는 증손이 얼마나 예쁘겠느냐."고 하셨다. 딸아이를 봉분에 올렸다간 벼락이 쳤을 것이라며 시누이가 돌아서서 키득거리자 모두 소리 내어 따라 웃었다.

키가 누나들을 넘어섰는데 집에서 막내의 이름은 아직도 아기이다. 막내는 남편이 쉰 살이 되던 해에 초등학교에 입학했다. 우리는 막내가 스스로 가방을 메고 학교에 다니는 것만으로도 대견했다. 막내는 준비물을 빠뜨리거나 실내화를 챙겨가지 않을 때가 종종 있었다. 학교에 가서 창 너머로 녀석을 찾으면 키만 덜렁 웃자란 탓에 눈에 잘 띄었다. 다른 아이들이 반짝이며 선생님과 눈을 맞출 때 녀석은 친구와 장난을 치거나 엉뚱한 곳에 시선을 두기 일쑤였다. 집에 돌아오면 단단히 주의를 주려고 별렀다. 가방을 메고 현관에 들어서는 녀석에게 오늘 학교생활이 어땠느냐고 물으니 좋았다고 싱글거렸다. 선생님의 말씀은 잘 들었고 받아쓰기 시험도 잘 보았다는 것이다.

"시험을?"

낚아채듯 가방을 받아 열고 시험지를 찾아든 손이 맥없이 풀렸다. 동그라미가 네 개에 가위표가 여섯이다. 붉은 색연필로 40이라고 쓴 숫자가 꼿꼿이 일어섰다. 글씨는 엉망이어서 알아보기도 어려웠다.

단단히 혼을 내고 밥을 한 끼 굶겨 볼까. 종아리를 때리고 다짐을 받아볼까. 혼란스러웠다. 막내는 그래도 자기보다 더 많이 틀린 친구도 있노라며 개선장군처럼 당당했다. 벌을 주려는데 웃음이 먼저 나왔다.

바르게 쓰기도 어려운데 띄어쓰기와 문장 부호까지 맞추라니 1학년에게 너무 무리한 요구를 한 것 같았다. 녀석을 바라보니 작은 손으로 네 문제나 정확하게 쓴 것만도 장한 일이었다. 틀린 여섯의 가위표는 점점 작아지고 맞은 네 개의 동그라미는 앞산만큼 커져서 내 가슴을 채웠다. 아이를 덥석 껴안았다.

남편이 입던 바지들을 버리지 않고 보관해둔 것이 다행이었다. 막내에게 아빠의 옷을 입힌다는 것은 생각지도 못한 일이었다.

버리기 아까워서 챙겨 놓아 둔 것뿐인데 며칠 전 옷장 정리를 하다가 아들을 불러 입혔더니 허리만 클 뿐 길이가 딱 맞는 것이었다. 지난해 키가 부쩍 자라서 철이 바뀔 때마다 옷을 새로 장만해야 할 처지였는데 반가운 일이었다.

어머니는 바느질 솜씨가 좋으셨다. 유행이 지나서 못 입는 한복 치마도 어머니의 손만 거치면 원피스로 둔갑하고, 한복을 만들고 남은 자투리 천도 조각을 맞추면 새 이불이나 밥상보가 되었다. 어른의 큰 옷을 줄일 때나 작아진 옷에 주름을 덧대고 어스를 이어 품을 늘일 때면 나는 심술을 부렸다. 친구들처럼 시장에서 산 약품 냄새가 싸아하게 나는 새 옷을 입고 싶었다. 어머니가 고쳐준 옷은 감추어둔 가난이 밖으로 비어져 나오는 것 같아 덮고 싶은 환부였다.

아이를 불러 의견을 물었다. 아빠가 입던 옷을 고쳐준다니 녀석은 뜻밖에 신바람을 냈다. 옷장을 휘휘 저으면서 낙점해둔 것들이 상당수 있다고 너스레를 떨었다.

고친 바지를 입은 막내가 거울 앞을 서성인다. 아빠의 학생 시절 사진을 펼쳐놓고 제 사진을 바짝 당겨 붙여가며 싱글벙글이다. 키가 자란만큼 마음도 더 자라 녀석에게도 연륜이 쌓이면 아빠의 가슴만큼 품도 넉넉해지리라. 기회를 놓칠세라 고삐를 잡았다.

“아빠가 학교에 다닐 때는 우등생이었다더라.”

막내는 일순 머뭇거리더니 주먹을 쥐어 보인다.

“청출어람이란 말 들어보셨어요?”

제법 사자성어까지 들먹인다. 40점짜리 시험지를 받아오고도 당당하던 녀석은 아빠가 못하시는 바느질도 잘할 수 있으니 이미 청출어람이란다. 나란히 거울 앞에 섰더니 내 머리가 막내의 턱 아래에서 멎는다. 오늘 나는 막내에게서 ‘아기’라는 정겨운 이름을 거두어들인다.

오아시스를 위한 변명

폐백을 끝내고 식장 밖으로 나왔을 때 비가 내리고 있었다. 하늘과 하객들을 번갈아 보며 난감해하는 나를 향해 "잔치 뒤에 비 오는 것 보니 크게 잘 살겠다." 큰소리로 덕담하시는 숙모님의 얼굴이 환했다. 주위에 있던 하객들이 단박에 숙모님의 덕담에 맞장구를 치는 바람에 잔치 뒷마당이 화기애애해졌다. 결혼식이 끝나도록 참아준 하늘과 햇살보다 더 따뜻하게 비를 맞이해준 하객들을 돌아보며 감사의 절을 했다.

친구와 함께 들어선 철학관이었다. 천정까지 닿은 장식장에 자수정 원석을 가득 채워 삼면의 벽을 에워싼 방이었다. 약간 침침한 보랏빛의 괴기스러운 실내 분위기에 단번에 주눅 들었다. 아차 했으나 안경테 너머로 보이는 할아버지의 매서운 눈빛에 압도

되어 돌아설 용기마저 꺾였다. 엉겁결에 심문에 응하는 피고처럼 딸아이의 생시를 내어놓았다. 할아버지는 민화 같은 그림책을 넘기며 두 옥타브나 높음직한 쇳소리로 혼잣말처럼 중얼거렸다. 대충 듣기에도 기대했던 탐탁한 소식은 없는 것 같았다. 오싹한 분위기에 쇳소리라니. 앉아 있기가 불편하여 빠져나갈 궁리를 하는데 옆에 앉은 친구가 먼저 옆구리를 찔렀다. 할아버지의 날카로운 눈빛이 재빨리 우리를 훑어 지나갔다.

"바짝 마른 사막에 30년 간 비가 내리니 오아시스 아니우?"

아름답다고 했다. 원하던 병원의 인턴 시험에서 고배를 마시고 진로를 고민하던 중인데 아이의 장래가 아름다운 오아시스라니 귀가 번쩍 열렸다. 나는 일어서려다 말고 고쳐 앉았다. 무슨 말이든 다 받아들일 자세로 다소곳했지만, 그 할아버지가 무슨 말을 더 했는지, 어떤 그림을 더 보여줬는지 기억에 없다. 이미 내 머리는 오아시스로 넘실거려 다른 어떤 것도 더 들어설 자리가 없었다. 이만 원이 조금도 아깝지 않았다.

온 나라가 둘만 낳아 잘 기르자던 가족계획의 시대에 셋째 딸로 태어나서 주위를 섭섭하게 한 아이다. 태어나서 삼칠일 지나 시댁에 첫 인사를 가서도 증손을 고대하시느라 남편이 대학에 입학하던 해부터 장가들기를 재촉했다는 시할아버지의 방에는 들어갈 엄두도 못낸 아이다. 모두 척척 잘도 낳는 아들을 못 낳고,

내리 셋씩이나 딸을 낳은 나는 죄인이었다. 억울함을 호소할 상대는 어디에도 없었다. 자원은 부족하고 인구는 넘쳐 가난을 벗어날 수 없는 나라에서 육십 년대도 아닌 팔십 년대에 아이를 셋이나 낳는다는 것은 원시인 대접을 감수해야 하는 일이었다. 무엇보다 없는 살림에 남의 밥그릇을 넘보는 만큼이나 민망하고 염치없는 일이었다. 국가 시책에 따르지 않은 셋째의 출산은 의료보험 혜택에서도 배제되었다.

잔치 끝난 마당에 비가 내린다. 박하사탕을 와삭 씹을 때의 화한 시원함이다. 오아시스다. 온갖 생명이 깊은 숨을 들이쉰다. 지난여름은 얼마나 무더웠던가. 맹렬한 무더위 끝의 달디단 비, 이보다 더한 축복이 있으랴. 하늘의 선물이다. 돌아오는 길에 주위를 돌아보니 비안개가 산마루에 걸리면서 드러나는 관악 산정이 신비스런 기운을 내뿜는다. 금방 낯 씻은 듯한 바위가 명징하게 다가선다. 빗물로 호흡하는 푸른 산이 촉촉하다. 캠퍼스를 돌아내려 오는데 싸늘한 감촉이 심장을 찔렀다. “가피입니다.” 기도가 저절로 말이 되었다.

가족을 떠나 일인 다역을 하며 스스로 앞길을 헤쳐 나가는 두 사람을 생각하노라니 든든하다. 같은 일을 하는 사람들이니 서로 격려하고 위로하는 아름다운 동행이 되길 바란다. 결혼식 전날까지 정상 근무하고 해 질 무렵에야 신혼여행 가방을 챙기느라 부족한 것들을 동네 편의점에서 급히 준비하는 모양새도 미더웠다.

새벽잠을 전화로 깨운 세월이 4년이다. 아이는 늘 잠이 부족했고, 제대로 챙겨 먹지 못했다. 훗날 무슨 영화를 보잔다고 젊은 날을 수술실에서 보내야 하느냐며 투정을 부리다가도 생명을 살리는 일만큼 아름다운 곳이 어디 있겠느냐고, 생명을 살리는 곳이 바로 오아시스라고 내가 우기면 슬그머니 물러선다. 항상 긴장의 끈에서 놓여나지 못하는 수술실의 긴박함을 하소연하다가도 남의 아픔을 조금이라도 덜어 줄 수 있는 능력만큼 아름다운 일이 또 어디 있느냐고 눙치는 엄마의 궤변에 고개를 끄덕인다. 딸아이는 세상일을 엄마처럼 마음대로 재단하는 사람을 불치의 오아시스병 환자라고 자신 있게 진단하고, 엄마는 딸아이를 아름다운 '오아시스 공주'라고 북돋운다.

돌아오는 길, 버스가 빗속을 달린다. 차창 밖의 가을 들녘이 바람에 출렁거린다. 시원하고 흡족하다. 이 비가 그치면 가을이 깊어질 것이다. 간밤에 잠을 설쳐 버스 속에서 눈을 조금 붙일까 했는데 시간이 흐를수록 정신이 맑아온다.

4부

거품

인생은 한바탕 꿈과 같고
허깨비와 같고 물거품과 같다고 이천오백 년 전에도
부처님이 설하신 것을 보면 그때나 지금이나
거품과 어우러져 사는 것이 본래
사람살이일지도 모른다.
세상이 다 거품인데, 큰 거품 속의
작은 거품을 걷어내고 말고 할 일이 어디 있겠는가.
괜스레 혼자 마음 분분한 하루다.

세월을 잘 만나야

밥을 비빈다. 달래간장 한 숟갈 끼얹어 양푼에 밥을 비빈다. 희끗희끗한 밥알이 곤드레나물에 묻혀 쌀에 뉘 섞인 듯한 블랙푸드다. 반찬도 필요 없이 요즘 건강에 좋다는 웰빙 식단을 마련하고 보니 주부로서도 간편해서 환영이다. 모양새만으로는 외면하던 아이들도 다이어트에 특효가 있는 별식이라니 숟가락이 분주하다.

남편이 어디선가 보고 적어온 메모지를 내놓았다. '곤드레나물.' 우선 이름이 마음에 들지 않았다. 곤드레 만드레가 된 취객을 연상케 했다. 무기성분과 비타민 등 영양이 풍부하고 당뇨병과 고혈압, 혈액순환에 좋다는데, 덤으로 다이어트 식품이라니 딸아이가 인터넷 쇼핑몰을 뒤졌다. 태백산의 해발 700미터 고지에서 자생하는 야생 나물이고 독성이 없으면서 맛도 부드러워 빈궁기 우리 민족의 구황작물이던 고마운 식물이다.

곤드레나물을 샀다. 정선 아리랑의 가사에도 등장하는 곤드레나물은 정선, 평창지역의 특산물이다. 구황식품으로 민초의 굶주림을 해결해주던 것이 요즘 주객이 전도되어 무게로 단순 대비하면 쌀값의 열 배도 더 된다. 그 시절에는 산기슭 여기저기에 지천으로 널렸을 산나물이 건강식품으로 대접받는 것을 보니 사람이나 식물이나 세월을 잘 만나야 제값을 하는가 싶다.

비만의 시절이다. 세계 각지에서 들어온 온갖 먹을거리가 식탁에 넘친다. 요즘 상대적 빈곤으로 허기진 사람들이야 많겠지만 예전처럼 배곯는 어려움은 아니다. 보리를 아무리 치대 씻어도 밥은 검더라 하셨다. 보리밥 일색인 밥솥을 열면 정지 샛문으로 얼굴만 내밀고 "나는 하얀 보리밥 줘."라고 하던 네 살 아들의 배도 제대로 채워주지 못했다고 어머니는 아파하셨다. 오빠의 키를 키우지 못했다고 탄식하시던 어머니 생각에 곤드레밥 넘기는 목이 멘다.

어린 시절, 무밥이 제일 싫었다. 하얀 쌀밥으로 알고 덥석 한 입 넣었다가 먹을 수도 뱉을 수도 없었던 기억이 있다. 계절에 따라 양식을 늘려 먹느라고 먹던 고구마밥, 감자밥, 보리밥이 지금은 대부분 웰빙 식품으로 대접받는다. 어머니는 나물밥도 모자라 나물죽을 드셨다는데, 오늘 별미로 지은 곤드레밥을 드리면 저승에서도 싫다고 손사래 치실지 모른다.

요즘 신축 아파트를 지나노라면 하늘을 찌를 듯한 소나무를 자주 본다. 그 모양이 우선 귀족답다. 수피의 은은한 붉은빛에 곧은 허리를 세우고 단번에 아파트 5~6층을 마주 본다. 그 범연한 기세에 눈길이 가다가도 느닷없이 어머니가 징그럽게도 많이 드셨다던 송기밥이 생각나면 고개를 돌린다. 나무 값이 수백만 원을 호가한다니, 우리 어머니는 그렇게 좋다는 건강식만 드시고도 왜 그리 일찍 가셨는지 궁금하다.

막내

어제 내린 비로 봄이 한 걸음 더 다가왔다. 지난주부터 노란빛으로 꽃망울을 터뜨리기 시작한 산수유나무 곁에 연분홍 꽃 매화와 이제 막 벙글기 시작한 하얀 목련으로 앞뜰이 화사하다. 넋을 놓고 꽃구경을 하다가 아파트 담 너머 골목이 소란해서 밖을 내다본다. 등교 시간에 잠깐 학생들의 발길이 스쳐 지나고 나면 종일 자동차들의 차지인 집 앞 골목이다. 모처럼 낮에 왁자하게 움직이는 학생들의 모습을 보니 동네가 겨울잠에서 깬 듯해서 반갑다.

친구랑 셋이 희희낙락 떠들며 길을 건너는 막내가 보인다. 시험이 끝나서 일찍 귀가 중인 모양이다. 아침에 고3이 되어 처음 보는 모의고사라서 떨린다며 넋두리를 하고 나갔는데 활기찬 모습을 보니 예감이 좋다. 연습이라 해도 시작이 중요하지. 하루 종일 시험 보느라고 힘들었을 거야.' 누가 부르는 듯 혼자 바빠진다. 냉동실 속의 얼린 고기를 녹이고 쌀을 씻는다. 20분이 지나도 계단이 잠잠하다. 집 앞까지 와서 어딜 갔나. 밥을 안치려다 말고 베란다로 나가 창밖을 내다본다. 골목은 다시 잠잠하다.

40분이 지나서야 현관문이 열린다. 용수철처럼 튀어 나가 아이를 올려다보며 껴안았다. 아이가 신경질적으로 나를 밀어낸다. 조금 전 골목에서의 활기찬 모습은 다 어디 가고 축 처진 어깨에 얼굴은 흙빛 패잔병이다. 시험에 대해서는 한 마디도 꺼내지 않았는데 제가 먼저 날을 세운다.

"포기했어요. 나같이 머리 나쁜 놈에게는 기대하지 마세요."

적반하장이란 이럴 때 쓰는 말인가 싶다. 가방을 던지듯 내려놓고 교복도 벗지 않은 채 소파에 드러눕는다. 제 방으로 들어가서 쉬라는 말에는 대답도 없다.

내가 죄인처럼 가슴이 두근거린다. '자식, 진작 공부 좀 하지. 고3이라는 녀석이 스스로 공부하는 적이 없더라니. 남들은 네댓 시간 자고 밥 먹는 시간도 아깝다던데, 여섯 시간도 더 자면서 매일 피곤하다고 엄살떨 때 진작 알아봤지. 저따위 정신력으로 경쟁을 어떻게 뚫어.' 혼자 속을 끓이다가 소파에서 안경도 벗지 않은 채 웅크리고 잠든 아이를 내려다본다.

늦둥이 우리 집 막내. 여덟 살, 초등학교에 입학해서 가방을 메고 학교에 다니는 것만으로도 대견했다. 알림장도 제대로 쓰지 못해 학교에서 돌아오면 일일이 엄마가 가방을 챙겨야 했다. 초여름이었던가. 실내화를 빨려고 꺼내는데 구겨진 받아쓰기 시험지가 따라 나왔다. 어설프게 쓴 이름 아래 처음부터 비가 내리고 가끔 풍선도 하늘을 날고 있었다. 40점. 설마 하다가도 자꾸 시험지를 들여다보고 있으려니 시험지 위를 지나갔을 앙증맞은 아이의 손이 어른거렸다. 가슴이 뜨거워지면서 그 손으로 정답을 제대로 쓴 4개의 답안이 크게 보였다. 철자가 바른 것은 물론 띄어쓰기와 마침표까지 제자리에 있었다. 대견했다. 작은 아이를 덥석 안으며 잘했다고 칭찬하는 어미에게 자기보다 더 많이 틀린 친구도 있더라며 당당하던 아들이었다.

안경을 벗기고 움츠린 다리를 곧게 펴준다. 그 사이 많이도 컸다. 투박한 손도 만져보고 여드름 솟은 볼도 비벼본다. '잘 생겼다.' 혼잣말을 하다가 누가 들었을세라 아무도 없는 집안을 두리번거린다. 자기보다 더 못한 친구도 많다던 그날의 기세는 어디로 가고, 풀죽어 잠든 모습이 안쓰럽다.

버스 안에서

앞좌석에 앉은 오십 대 남자가 목청을 높여 휴대전화로 통화한다. 그 남자는 시내버스가 자기의 개인 사무실쯤 되는 것으로 생각했거나 휴대전화란 언제, 어디서든지 사용하라고 만든 물건이라고 여기는 모양이다. 다행히 다섯 정류장을 지나자 그 사람이 내렸다. 그동안 그 남자의 뒤통수만 노려보고 앉아 있었더니 눈이 다 욱신거린다.

남자가 내린 정류장에서 칠십 대로 보이는 할머니 한 분이 버스에 올랐다. 그 남자가 앉았던 자리에 할머니가 앉는다. 나는 좀 쉴 요량으로 눈을 감았다. 버스가 출발하자마자 앞자리의 할머니가 뒤로 돌아보면서 말을 건다. ○○전화국에 가야 하는데 어디서 내려야 되는지 좀 가르쳐 달라는 것이다. 나는 창밖을 가리키며 방금 할머니가 타신 곳이 바로 ○○전화국 앞인데 왜 버스를 타셨느냐고 되물었다. 할머니는 앞 버스에서 내렸는데 아무리 주위를 둘러봐도 전화국이라고 쓰인 건물이 없더라는 것이다. 옆에서 우리의 이야기를 듣고 있던 여학생이 "할머니 KT PLAZA라고 쓰여 있잖아요."라면서 막 지나온 전화국 건물을 손으로 가리켰다.

"간판이 언제 바뀌었노? 꼬부랑 글 모르는 사람은 사람도 아닌가."라면서 다짜고짜 나를 향해 역정을 내는 것이었다. 조금 전까지 버스가 떠나갈 듯 시끄럽게 통화하던 남자 때문에 마음이 언짢았는데 오늘은 일진이 사나운 모양이다. 이럴 땐 피하는 것이 화를 줄이는 길이라고 생각하고 아예 눈을 감아버렸다. 차 안의 승객 중에서 아무도 동조하는 사람이 없자 할머니는 신문고를 두드리듯 소리를 높였다. 우리말로 전화하는 회사 간판에 왜 우리말이 없느냐고, 요새 사람들 좋은 세상에 나서 공부도 많이 하고 남의 나라 말도 잘해서 좋겠다고, 이렇게 제나라 백성을 무시하는 나라가 어디 있느냐고, 시대가 달라지면 나라 이름도 바꾸느냐고 할머니는 마치 우리가 회사 이름을 바꾼 장본인인 것처럼 차 안을 돌아보며 목청을 높였다. 다음 정류장에 버스가 섰을 때 "사람들이 그러는 게 아니다."는 말을 남기고 할머니는 내렸다.

할머니의 기세에 잠잠했던 버스 안이 술렁이기 시작했다. 운전기사가 먼저 “틀린 말 하나 없네요. 요즘 아파트 이름 한번 봐요. 다 우리나라 사람들 사는 집 아닌가요?” “병원 이름은 어떻고요. 택시를 타고도 당최 이름이 어려워서 어디로 가잔 말이 안 나와요. 기사가 뭐 이런 사람이 있느냐는 듯 돌아보는데, 바보가 따로 없데요.” “이제는 학교 이름까지 모두 테크노, 폴리텍 합디다.” “아이 이름도 영어로 발음하기 쉬운 글자로 지어야 국제적으로 성공한다네요.” 마치 초등학교 1학년 교실같이 버스 안이 소란스럽다. 머리가 지끈거려서 귀를 막고 싶었다.

이럴 때 미스터 신이 있었다면 무어라고 했을까. 나는 몇 년 전에 미국에서 만났던 교포 한 분을 생각했다. 그는 여섯 살, 네 살 때 데리고 온 아들 형제에게 고등학생이 되도록 매일 밤 잠들기 전에 장화홍련전이나 심청전을 읽어준다는 사람이다. 훗날 아들이 우리말을 모르면 자신이 너무 불쌍해질 것 같다는 게 이유였다.

며칠 전에 신문을 보다가 모르는 말이 있기에 남편에게 물었다. 남편도 “많이 쓰이는 말인데” 영어의 첫 글자를 따서 줄여 말한 이니셜이어서 대강 이해는 할 수 있지만, 우리말로 집어서는 모르겠다고 했다. 퇴근한 딸애에게 물어보려다가 그것도 모르느냐는 핀잔만 들을 것 같아서 어물쩍 넘어간 일이 생각났다. 이런저런 생각에 빠져 창 밖으로 눈을 돌리니 옆에 ‘KT & G’라고 쓰인 봉고차 한 대가 갓길에 정차해 있다. 고개를 갸웃거린다. 옆면과 뒷면에 창이 하나도 없어서 공연한 상상을 한다. 시민이 알 수 없는 저 비밀스러운 공간에는 어떤 물건이 있을지 참으로 궁금하다.

연등

아이와 한 판 신경전을 벌였습니다. 고3이 되고부터 자주 일어나는 일입니다. 저를 위해서 하는 말인데 다 가시로 박히는 모양입니다. 저도 한 사흘 쉬고 싶을 것입니다. 밤이 꽤 깊었습니다. 세상이 온통 잠들어 사위가 고요합니다. 때로는 캄캄함이 위안이 될 때도 있습니다. 일시에 허기지고 피곤이 납덩이처럼 내립니다.

꽃이 진 자리에는 벌써 잎이 녹음으로 치닫습니다. 곧 천둥 번개의 계절이 지나가면 언제 그런 일이 있었던가 한 해의 노동을 마감하는 열매가 익을 것입니다. 잠들면 일어나지 못할 것 같아서 자리에 앉습니다. 허리를 세우고 반가부좌를 합니다. 두 손을 무릎에 가볍게 얹습니다. 들숨과 날숨을 헤아립니다. '다섯, 넷,

셋, 둘, 하나, 공.' 수를 세다가도 잠깐 사이에 순서를 잊어버립니다. 다시 처음으로 돌아갑니다. 눈에 벌레가 기어가는 듯 근질거리기도 하고, 뜨거운 무엇이 모였다 흩어지기도 합니다. 다섯까지의 간단한 수를 수십 번을 놓칩니다. 균열이 생긴 듯 가슴이 아픕니다. 그래도 어제 일처럼 명징한 기억이 있습니다.

연등을 만들 작정입니다. 고요한 것보다는 움직이는 일이 차라리 수월합니다. 몇 해 전 밤낮없이 일주일 동안 연등을 만든 적이 있었습니다. 미국, 포틀랜드라는 도시에서의 일입니다. 그 도시의 절에는 초파일을 앞두고도 연등을 만들 손이 턱없이 모자랐습니다. 부자 나라에 가서 일개미처럼 분주하게 사는 교포들이 딱해 보였습니다. 손님으로 갔다가 주인보다 더 많은 등을 만든 공덕인지, 그해 딸아이가 원하던 시험에 합격했습니다. 꽃잎 한장 한장 비빌 때마다 딸아이의 이름으로 원을 드렸으니 그리 받아들였습니다.

수십 개의 연등과 백 개도 넘는 컵등을 도량 인근에 달았습니다. 그 부자나라의 밤은 동굴 속처럼 깜깜합니다. 숲 속에 드문드문 숨은 동네는 가로등도 없고 밤이면 행인도 끊어집니다. 그런 동네에 불을 밝혔습니다. 2500년 전, 인도에서 부처님이 아사세왕의 초청으로 궁중에서 설법을 마치고 기원정사로 돌아오시는 길을 상상했습니다. 수많은 연등 공양으로 도시가 불야성을 이룬 연등축제의 첫날처럼 말입니다.

한 주간, 연등으로 마을을 밝혀 희망을 내다 걸었습니다. 부처님 오신 날은 그곳 사람들에게 컵등을 하나씩 떼어 주었습니다. “원더풀, 땡큐!”라며 활짝 웃는 얼굴로 받는 그들이 너무 고마웠습니다, 빈자도 부자에게 줄 것이 있다는 점에 황홀하기까지 했습니다.

요즘 우리 동네에는 연등이 숲을 이룹니다. 그 숲속에 지혜의 불빛 하나 더하고자 연등을 만듭니다. 자비, 광명은 너무 멀고 우선 ‘학업성취’라고 쓴 서원 곁들여 관음전 한쪽에 아들 이름 석 자 적어 법등을 달겠습니다. 엄마와 함께 만든 연등을 들고 신나게 초파일 전야 거리 행진을 하던 아이의 유치원 시절 기억이 되살아나서 마음이 환해집니다. 캄캄하던 마음이 연등 불빛 하나로 일시에 밝아옵니다.

거품

김치찌개를 끓인다. 오늘처럼 겨울비 내리며 으슬으슬 추운 날은 더운밥과 함께 먹는 돼지고기에 두부 몇 점 들어간 김치찌개가 제일이다. 곱은 손 비비며 들어올 아이들을 기다리며 찌개가 끓어오르면 가스 불을 줄이고 일삼아 숟가락으로 거품을 걷어낸다.

사람이나 국물이나 맑아 보이면 당연히 순도도 높겠거니 여겼는데 그제 텔레비전에서 고발한 내용을 보니 겉보기에 맑다고 무조건 깨끗하다고 믿는 것도 인간의 분별심일 뿐임을 알겠다. 거품이 잔뜩 끼어 지저분해진 수족관에 거품 제거제를 몇 차례 뿌렸더니 마치 마술처럼 거품이 걷히고 물이 맑아졌다. 거품은 단숨에 녹아서 보이지 않는 다른 물질로 치환되어 물이 청정하게 보였지만 녹아내린 것이 거품뿐일까. 먹는 사람의 건강을 녹이고, 파는 사람의 양심을 녹이고, 마침내 인간과 인간 사이의 신뢰가 거품과 함께 녹아내린다.

매일 세 끼씩이나 상을 차리면서도 때마다 무얼 먹을까가 주부의 화두다. 김치를 넣거나 된장을 풀거나 들깨가루라도 넣어서 걸쭉해진 국물을 좋아하는 내 입맛 때문에 우리 집 밥상은 아직도 60년대를 벗어나지 못하고 있다. 아이들은 토속을 벗어나지 못하는 엄마를 탓하면서도 불순물이 응집한다는 거품을 일일이 걷어내는 엄마의 정성은 인정하는 편이다. 거품이란 것이 제대로 걷어내기만 하면 좋은 여과 장치가 아닌가. 화학약품이라는 극약처방으로 단번에 녹여내지 않더라도 거품이란 본래 허상이므로 시간이 지나면 반드시 빠지는 것이 자연의 이치이다. 거품 제거제라는 양심 불량 처방으로 단숨에 거품이 사라진다는 것은 빠른 속도보다 더 깊은 상처를 남긴다. 거품 경제가 그렇고 부동산 거품도 그렇다.

요즘 우리 동네 사람들은 새 정권에 대한 기대가 이만저만이 아니다. 우리 지역이 경제자유구역으로 지정되었다고 내일 무엇이 변할 것처럼 들뜨고, 운하가 개통되면 물류의 중심지가 되어 지역이 큰 수혜를 입을 것이라고 설왕설래다. 이런저런 사업을 차기 정부에 요청키로 했다면서 연일 언론들이 거든다. 내일 당장 손에 무엇이 잡힐 듯, 제대로 자라지 않은 날개를 퍼덕일 때 나는 희망에도 거품이 있는 것은 아닐까 염려된다. 고개를 가로젓기에는 나부터 희망의 편에 서고 싶고, 거품 제거제를 생각하면 더디게나마 숟가락으로 거품을 걷어내는 미련을 보이고 싶다. 인생은 한바탕 꿈과 같고 허깨비와 같고 물거품과 같다고 이천오백 년 전에도 부처님이 설하신 것을 보면 그때나 지금이나 거품과 어우러져 사는 것이 본래 사람살이일지도 모른다.

세상이 다 거품인데, 큰 거품 속의 작은 거품을 걷어내고 말고 할 일이 어디 있겠는가. 괜스레 혼자 마음 분분한 하루다.

별꽃 나무

막차를 탔다. 승객들이 한꺼번에 몰려들어 버스는 상당히 혼잡했다. 기사가 연신 남부정류장까지 간다고 방송하는데도 차에 올라서는 사람마다 어디까지 가느냐고 재차 묻는다. 혼잡한 차내에서 통로를 막고 여자 친구의 허리를 감싸 안은 고등학생으로 보이는 남자애가 눈에 거슬린다. 승객들은 흔들리는 몸을 버스에 맡긴 채 제각기 전화를 하거나 문자를 주고받느라고 다른 사람에게는 눈 감고 귀 막아 작은 공간에 함께 있어도 제각각 혼자다.

창밖으로 눈을 돌린다. '컬러풀 대구.' 도시의 밤은 아름답다. 푸른 보석이 아치를 이룬 인도를 따라 국채보상공원이 찬란하다. 보석처럼 빛나는 조형물들은 동화 속의 궁전이다. 파티가 끝난 것일까. 초대받은 손님도 행인도 없다. 텅 빈 정원이 뿜어내는 푸른 빛에 도시는 더욱 차갑다. 도로 중앙분리대를 겸한 화단에 도열한 나무들은 하늘을 향해 뻗은 가지에 빛나는 별꽃을 피워 도시의 밤을 수놓는다. 다리 난간이니 건물, 시내 어디를 가도 만날 수 있는 풍광이다. 예술의 도시 파리의 에펠탑이나 샹젤리제 거리에서의 화려한 풍광이 이제는 소득 이만 불 시대의 우리 얼굴이다. 이젠 공공 건축물이나 구조물들도 우리 문화를 담아낸 심미적 디자인을 고려한 시공으로 우리 사회의 문화 수준을 한 층 더 높인다고 한다. 시민으로서 어깨가 뒤로 젖혀지고 자신감이 솟는 일이다.

마음껏 팔을 벌려 별꽃을 온몸으로 피워낸 비슷한 키의 나무들이 끝나는 지점에 앙증맞은 작은 나무 한 그루가 땅에 붙은 듯 낮은 자리에서 유난히 영롱한 빛을 뿜는다. 예쁘다. 앙증맞다. 천사가 있다면 바로 저곳으로 내려올 것 같다. 나는 넋을 뺏긴 사람처럼 어린 나무에서 눈을 떼지 못했다.

신호가 바뀌고 버스가 네거리를 돌아서자 별꽃 나무들은 시야에서 사라졌다. 하지만 내 눈엔 아직 잔상이 남았는지 어린 나무가 맴돌고 가슴 한쪽이 아려왔다. 어린 나무의 몸을 친친 감고 있는 전깃줄이 내 아이의 몸을 감은 듯해서 새삼 저릿하다. 얼마나 많은 전구를 매달아야 도시의 어둠을 밝히는 꽃이 될 수 있을까. 뜨겁지는 않을까. 전자파에 노출된 조인 팔의 여린 피부가

가렵지는 않을까.

아토피 피부염으로 밤잠을 설치던 딸아이를 보면 내가 더 가려워지는 것 같아서 의식적으로 눈길을 피했었다. 오염된 공기와 음식 때문이라고도 했고, 스트레스가 많아서라고도 했다. 나는 그날로 전기장판부터 걷어치우고 전자레인지도 베란다로 내쫓았다.

봄, 여름, 가을 내내 잎을 매달고 꽃을 피워 도시의 허파가 되어 주었는데 겨울 한 철도 쉬지 못한다. 이제 온몸에 전구를 매달고 밤에도 하루를 눕히지 못하는 야광나무가 된 그 가녀린 것들의 생애가 아프다. 심산에 뿌리내렸으면 언 땅을 견디는 고행으로 지금쯤 거목의 꿈을 키우고 있을 것 아닌가. 매연에 시달리며 어둠을 온몸으로 밝히는 나무의 아픔이 내 가슴속 그물망에 걸려 출렁거린다.

가을 산을 오르며

그제 내린 비로 세상이 촉촉하다. 늘 오르는 산이지만 유난히 빌이 땅에 붙어 산이 나를 당기는 듯, 산과 내가 하나 됨을 느낄 때가 있다.

몸은 어느새 겨드랑이 밑으로 은빛 날개를 틔우고 마음은 날기 시작한다. 등산화 끈을 한 번 더 조여 매고 4약수탕 쪽으로 향한다. 산성산 정상을 거쳐 능선을 타고 1약수탕 쪽으로 내려갈 작정이다. 밤나무가 많은 쪽으로 길을 잡았다. 밤나무가 지천이라 비 온 후 이맘때면 떨어진 밤이 여기저기 널려 있다. 밤나무 아래를 뒤지는데 다람쥐 한 마리가 발 앞을 지나 누운 나무둥치 뒤로 숨는다. 요즘 청설모에게 밀려 점점 귀해지는 아기 다람쥐다. 그런데 이 녀석, 사람이 두렵지 않은지 조금 후 다시 쪼르르 나와 눈을 반짝이며 나를 유심히 살피는 것이 아닌가. 제 먹이 훔쳐갈 인간을 나무라는 듯 사뭇 당당하다. '너의 양식을 훔치지 않을게.' 밤 줍기를 포기하고 허리를 펴려는데 또 한 마리가 쪼르르 달려 나와 날렵한 몸으로 나무타기 재주를 함께 보여준다. 이 녀석들이 내 마음을 읽은 것이 분명한 것 같다.

4약수탕을 지나 잣나무 숲을 지난다. 수십 마리는 됨직한 청설모들이 우르르 떼 지어 잣나무 위아래로 오르내리다가 산기슭으로 내달린다. 잣나무 밑 여기저기에 그들이 먹다 버린 잣 껍질이며 남긴 잣들이 눈에 띈다. 두고 가기가 아깝다. 잣나무 숲을 뒤지기 시작했다.

조금 전에 만났던 다람쥐보다 이 잿빛 청설모에게는 좀처럼 정이 가지 않는다. 생김새부터가 그렇고 다람쥐보다 큰 몸집이 마음에 들지 않았다. 큰 몸으로 다람쥐들을 이 땅에서 서서히 내모는 것 같아 밉고, 한겨울 찬바람이 불고 눈이 쌓여도 겨울잠조차 자지 않는 강인함이 얄미웠다. 제법 두 주먹은 됨직한 잣을 주워 정상으로 향했다.

능선은 완연한 가을이었다. 그제 내린 비로 꼿꼿이 허리 편 코스모스와 한창인 쑥부쟁이, 산국, 갈대까지 지천으로 흩어져 가늘고 여린 몸을 흔들며 따가운 가을 햇살에 반짝인다. 예쁘다. 나는 그들 곁 길섶에 앉았다. 하늘은 높고 멀어서 끝없이 펼쳐진 산들의 키를 낮추고, 저만치 보이는 푸름은 서서히 퇴락하고 있었다. 푸름을 자랑하던 여름이 어느새 빛을 잃어가고 성질 급한 활엽수들이 하나 둘 물들어 또 다른 감흥의 색조를 연출하고 있었다. 코끝을 스치는 이 바람 끝으로 계절은 익어가고 곧 화려하고 아름다운 가을이 천지를 불태울 것이다.

〈지금 설악산은 단풍 물결〉이라는 제목을 단 울긋불긋한 사진에 끌려 지난해 단풍 마중을 갔다. 텔레비전에서 제시하는 단풍지도에 맞춰 10월 마지막 주, 오대산에 도착했을 때 예상과는 달리 그곳은 겨울이었다. 사흘 전에 비가 내린 탓으로 단풍이 다 떨어져 버렸다는 것이다. 세조가 문수동자를 만났다는 상원사 가는 길에 울긋불긋한 비단길을 열어 주어 어제까지 단풍이었다는 것을 보여만 줄 뿐, 미끄러워서 산행조차 힘들었다.

시장기가 들어서야 이런저런 생각에서 빠져나왔다. 조금 전에 주워 온 잣을 깨었더니 대부분이 빈 쭉정이뿐이다. 올여름 가뭄이 너무 심해서 알맹이가 여물지 못한 것 같다. 아깝다. 필경, 속이 빈 것을 안 청설모들이 버린 것을 내가 주워온 것일 게다. 하찮은 미물도 속을 뚫는 지혜를 지녔는데 나는 겉만 보고 주워왔으니 그들이 얼마나 비웃었을까. 미물조차 버릴 줄을 아는 것을 내가 취한 것이 새삼 민망하다. 바람이 분다. 여태 나를 향해 웃고 있던 꽃들이 애써 얼굴을 돌리는 듯하다.

삼월

비 젖은 산, 비 갠 산이 새로 깨어나 대지는 스펀지처럼 부드럽다. 혹독했던 겨울을 견딘 생명들이 여기저기서 웅성거리며 얼굴을 내밀 것 같아 내딛는 발길이 조심스러워진다. 봄이라기에는 코끝을 스치는 바람이 아직 시리고 멀리 눈 덮인 산봉우리가 아직 더 기다리라 한다. 눈이 많으니 올해는 풍년이겠다.

삼월의 기운은 막내의 싱그런 얼굴이다. 처음으로 혼자 걸음을 떼기 시작한 우리 집 늦둥이다. 대학 일년생, 생각만으로도 벅차고 아름답다. 이제 스물이라고, 사랑으로 묶는 것도 속박이라고, 지나친 관심은 사양한다며 기껏 학교까지 따라와 짐을 부리고 내려가는 어미가 내민 손을 뿌리치던 녀석이다. 부모의 손을 놓은 대신 세상과의 손을 잡을 것이다. 낯선 빌딩과 낯선 사람들의 숲으로 들어가는 막내를 바라보는 나는 긴장한다.

막내를 보낸 지 두 주가 지났을 뿐인데 마치 먼 세월처럼 아득하다. 새로 시작한 대학생활이 자유로워서 행복하다고 제 누나에게 자랑삼아 말했단다. 어미에게는 택배로 보낼 필요한 물품 목록의 문자 외에 안부 전화도 없다. 근황이 궁금해서 미니홈피를 기웃거린다. 처음 며칠은 비장감이 묻어나는 언어로 각오가 대단했다. 늦은 시각까지 도서관에서 과제를 했던 것 같아 먹지 않아도 배가 불렀다. 지난주에는 두 차례나 술을 과하게 마시고, 자신을 스스로 제어하지 못했는지 쓰레기라고 자조의 메모를 남겼다. 오늘은 아예 자신의 최대 주량을 시험할 목적으로 기숙사에 외박신청까지 하고 술을 미실 모양이다. 정글 속에 던져진 어린 양 같아서 하루 종일 마음이 울렁거린다. 맹수에게 물려 돌이킬 수 없는 상처를 입지 않을까. 풀어놓은 소가 제 주인을 떠받는다는데 이쯤에서라도 고삐를 죄어야 하지 않을까 마음이 심란하다. 대학을 보내고도 이렇게 가슴 졸여야 하느냐고 제 누나에게 하소연했더니, 인생에 안전이 목표라면 업고 다니란다. 그냥 그럴 때이니 믿고 지켜보라고 해도 될 말을 저렇게 쉽게 말하나 싶어 이래저래 불편하다.

한 달 사이 아이 둘을 내 보낸 집은 구석구석 찬바람이 인다. 그사이 온전한 나만의 공간을 얼마나 갈구했던가. 한꺼번에 방이 두 개나 생겨 원 없이 책을 읽겠다 싶었는데 잠시도 앉지 못하고 서성댄다. 신발이 이리저리 발길에 채이던 현관도 썰물 지나간 해변처럼 썰렁하다. 공연히 신지도 않을 운동화 한 켤레와 등산화를 늘어놓는다. 냉장고 문을 열려다 말고 소파에 앉았다. 막내는 어디서 과일 한 쪽이나 먹었을까. 마음이 허허해서 가슴속을 뜨거운 커피로 채워 넣고 산을 오른다. 황사까지 실은 강한 바람에 흔들리는 나무가 부러질 듯 위태롭다. 봄에 바람이 센 것은 나뭇가지를 흔들어 뿌리에서 물을 많이 길어 올리라는 자연의 독촉이라는데, 막내를 에워싼 바람도 홀로서기 위한 공부인가 싶다. 나무가 휘청거릴 때마다 싹을 틔워 올리려던 봉우리가 떨어질까 두려워서 지레 허리를 굽힌다.

"복수초다."

아직 아무것도 보이지 않는 검은 땅 위에 민들레보다 큰 노란 꽃봉오리가 땅에 붙어 '안녕하세요' 하고 여기저기서 신호를 보낸다. 장하다. 제일 먼저 길을 내어 봄의 문을 열어젖힌 전령사가 약하디 약한 꽃잎이라니. 저 가녀린 풀꽃이 무슨 힘으로 언 땅을 뚫었을까. 주위를 두리번거렸다. 잦은 봄비로 대지가 촉촉했다. 낮은 곳의 마른 잡목 더미가 바람을 막아주고, 햇살이 키 큰 나무들이 열어둔 지붕 사이로 쏟아졌다. 발바닥 밑에서 서로의 뿌리를 뻗어 길을 내고 물을 길어 올리느라 온 산이 부산했다.

바람 속에 실눈을 뜬다. 막내가 삼월의 밭에 씨를 뿌리고 바람이 불어 물을 긷는다. 때로는 세상과 손을 잡고 때로는 세상에 맞서리라. 여름이 뜨거워질 무렵에는 제 몸 가눌 나무 한 그루 참하겠다. 코끝이 찡하다. 산에서 내려가야겠다. 나무에 물이 오르고 초록이 일제히 일어선다.

칼을 뽑다

삼월의 고3 어미는 귀가 열이라도 부족하겠다. 젖은 머리에 롤을 감고 주방을 휘젓고 다니는 모양이 볼썽사나운가 보다. 아침 운동에서 돌아온 남편의 표정이 뜨악하다. 막내네 반 어머니 몇 명이 국수나 함께 하잔다고, 요즘 입시는 삼력三力이 있어야 한다는데, 두 번째 항목이 어머니의 정보력이라 하더라고 나는 묻지도 않은 말을 길게 늘어놓았다.

그제, 막내네 반 실장 어머니에게서 전화가 왔다. 아이들 입시 문제로 학부모들이 서로 얼굴이나 익히고 정보도 나누자고 했다. 공부는 아이가 하는 일인데 괜스레 학부모들이 몰려다니는 것이 탐탁잖아 "집안에 일이 있어서"라고 에둘러 거절을 했다. 전화를 끊고 생각하니 그 사이 변한 세상은 읽지 못하고 나만 혼자인 게 아닌가 해서 불안했다. 막내에게는 평생 삶의 진로가 결정될지도 모르는 중요한 시기가 아닌가. 관계가 끊어지고 나면 필요할 때 후회하게 될 것 같아 참석하겠노라고 스스로 말을 바꿔 전화했다.

여섯 명의 어머니가 함지박만 한 국수 자배기를 받아놓고 둘러앉았다. 화제는 단연 입시다. 젊은 학부모들은 제각기 입시 전문가라 하기에 손색이 없어 보였다. 각종 학원이며 인터넷 사이트의 유명한 강사진에 대해 설왕설래다. 학교만 바라보고 그냥 기다릴 수는 없다는 요지다. 내 아이보다 성적 좋은 아이들이 가는 길이니 늦었지만 지금이라도 따라갈까. 남이 한다고 따라하는 일이 옳은 일인가. 누군가 한마디씩 할 때마다 귀가 이리저리 쏠린다. 이럴 때 칼로 베듯 명쾌한 확신을 갖지 못하는 내게 화가 난다. 이런저런 생각에 며칠간 일이 손에 잡히지 않았다.

오늘도 등교 시간에 맞춰 일어난 막내는 식탁을 한번 둘러보고 늦었다는 핑계로 수저도 들지 않고 학교로 갔다. 시간도 촉박하지만 제 입에 맞지 않은 식단에 대한 거부의 몸짓이다. 귀만 열면 건강에 대한 정보도 넘친다. 그다지 좋아하지 않는 음식이지만 수험생에게 도움 되는 음식이라기에 준비한 채소 찬들이었다. 점심, 저녁 두 끼를 급식으로 해결하니 집에서 먹는 한 끼의 식사라도 약이 되는 음식을 먹이고 싶었다. 제 의사를 무시한 내 정성이 완패한 셈이다. 구슬이 서 말이라도 꿰어야 보배라더니 공부나 음식이나 무엇이 다르랴. 체력을 유지하려면 아침식사를 든든하게 해야 하고, 아침식사를 한 그룹이 안 한 그룹보다 상대적으로 성적도 우수하다는데 빈속으로 등교한 아들 생각에 공연히 불안하다.

아이 굶기고 혼자 밥 먹는다는 게 내키지 않는다. 밥그릇을 밀쳐두고 신문을 뒤적인다. 자극적인 제목에 눈이 화들짝 열린다. '칼을 뽑다.' 제목은 살벌하지만 함께 게재된 내용과 대문짝만 한 사진의 주인이 반갑다. 국내 유수의 K대학 총장님이다.

'올 입시 150명 무시험 선발' 비록 정원의 20% 내이지만 파격적인 입시 안이다. 학원에 다니지 않은 인재를 뽑는다고 한다. 당장 눈에 띄지 않아도 잠재력 있는 인재들이 있다는 것이다. 사방으로 열어둔 학부모들의 귀는 또 한바탕 분주해지겠다. 모든 대학이 다 그렇게 하겠다는 것은 아니지만 큰 의미로 받아들이고 싶다. 다시 돋보기를 신문에 바짝 들이댄다. 확대된 활자가 열린 창문으로 들어오는 봄기운에 어우러져 막혔던 코가 뚫린다.

5부

사람의 길

남산 제일봉에 올라서고야
하루 종일 아무것도 먹지 못했고 우리의 행색이
걸레 꼴이었음을 알아챘다. 목을 축여준다는
신선은 없었지만 우리는 살았음에 감사했다.
보이지 않는 신을 찾느라 십방으로 돌아가면서
감사의 절을 했다. 산은 이것으로
마지막이라는 고별의 인사도 덧붙였다.

사람의 길

앞을 막아서는 우뚝 솟은 바위와 마주쳤다. 돌아가는 길이 있음직한데 둘러보아도 쉽사리 눈에 띄지 않는다. 우리를 향해 일어서고 달려오던 산줄기, 멀리 펼쳐진 들, 손바닥만하게 보이던 도시의 광경에 도취한 자신감인가. 한 친구가 먼저 바위를 기어오른다. 불안한 듯 머뭇거리던 다른 친구가 따라 오르고, 도리없이 나도 기어올랐다. 아래에서 올려다볼 때는 선돌 같았지만 올라와 보니 평평한 너럭바위가 여럿 이어져 있어 신선대인가 싶다. 이어진 바위를 건너가다가 바른편으로 눈을 돌렸다. 까마득한 절벽이었다.

다리가 후들거린다. 자세를 낮추는 것으로는 모자라 네 발로 긴다. 안 보려고 시선을 피하는 벼랑 아래가 자꾸 곁눈으로 들어온다. 마지막 바위에 섰다. 아래를 내려다보니 겨우 한 사람 발 디딜 틈의 바닥이 보일 뿐 왼편은 나무로 막히고 오른쪽은 다시 낭떠러지다. 오금이 굳는다. 버팀이 될 만한 요철도 없는 급경사의 바위에 밧줄도 없다. 건너온 바위를 되돌아보니 돌아설 용기도 나지 않는다. 눈 아래 보이는 세상은 허공에 불그레하게 번진 핏빛이다. 눈을 감고 싶다.

먼저 배낭과 스틱을 아래로 던졌다. 손바닥에 침을 두 번 뱉고, 다섯 살 언니 등에 업힌 아이처럼 앙버티며 온몸을 바위에 밀착시켰다. 손바닥이나 등산화의 바닥 중 하나만 바위에서 떨어져도 나락이다. 팔공산은 바위가 많아서 아버지 같은 힘이 있다고, 조금 전까지 떠들어댄 경솔이 마음에 걸린다. 손바닥 길이만큼 손을 한 번 낮추고 발바닥 길이만큼 발을 낮추어 갔다. 왼발 옆으로, 오른발 아래로, 오른손 떼고, 먼저 내려선 친구의 지시에 따라 움직였다. 절반이나 내려왔을까. 순간 몸이 기우뚱하면서 한 발이 미끄러졌다. 무조건 매달렸다. 하늘에, 조상님들께, 천지신명께, 바위에…. "눈 감지 마!" "오른발 옆으로 벌려." "내려다보지 마." 친구의 주문이 내 기도보다 더 다급하다. 아득하다. 그날이 어지럽게 겹쳤다.

스무 해도 더 지난 일이다. 초여름쯤이었나? 매화산으로 올라가 가야산으로 내려오는 코스가 기막히게 아름답다는 말만 듣고 운동화에 청바지 차림으로 배 선생을 따라나섰다. 고등학교 수학여행 때 설악산 흔들바위까지 올라간 이후 산은 처음이었다. 남산 제일봉에 막걸리를 나누어 주는 신선이 있다는 말에 상기되어 덤비듯이 산을 올랐다. 숨이 목에 걸리고 점퍼를 한 겹 벗을 무렵부터 안개구름이 내려앉기 시작했다. 처음에는 얼굴에 내리는 청량한 습기에 기분이 상쾌했다. 어슴푸레해지는 시야 속의 산은 신비스러워서 신선이라도 된 듯 가슴이 벅차올랐다. 어느 지점에서인가부터 서너 발자국 앞선 배 선생이 보이지 않았다. 구름이 세상을 온통 집어삼켰고, 우리는 구름의 검은 입속에 갇혔다.

충혈되도록 눈에 힘을 주어도 시계視界는 제로였다. 시간이 흐르면 언젠가는 구름 위로 올라설 것이라는 믿음으로 오직 촉각에 의지해서 발길 닿는 대로 나아갔다. 수도 없이 많은 바위가 앞을 막아섰다. 제 모습을 드러내지 않는 바위를 기어오르고 또 미끄러졌다. 기어오를 수 없는 바위는 양팔을 휘둘러 안고 돌았고 보이지 않는 면에 부딪히고 상처 났다. 정상은 어디쯤 있는지, 지금 여기가 산의 허리인지 어깨인지 전혀 가늠할 수 없었다. 앞서던 배 선생이 길을 잘못 든 것 같다고 선포하듯 말했다. 하지만 돌아설 수 없었다. 보이지 않는 길을 돌아선다는 것은 벼랑 아래로 떨어지는 일 같아서 휘청거리면서도 높은 곳으로 내디뎠다. 볼 수만 있게 해달라고 생각나는 모든 신께 빌었다. 언제 구름 위에 올라섰는지는 기억에도 없다. 남산 제일봉에 올라서고야 하루 종일 아무것도 먹지 못했고 우리의 행색이 걸레 꼴이었음을 알아챘다. 목을 축여준다는 신선은 없었지만 우리는 살았음에 감사했다. 보이지 않는 신을 찾느라 십방으로 돌아가면서 감사의 절을 했다. 산은 이것으로 마지막이라는 고별의 인사도 덧붙였다.

오른발의 밑창에 바닥이 닿는 느낌이 온몸으로 퍼졌다. 눈을 떴다. 살았다. 감사합니다. 뒤죽박죽 기도가 솟구쳤다. 나머지 왼발을 바닥에 찍고 축축한 손으로 바위를 밀어내며 일어서려다가 그대로 주저앉고 말았다. 한 무리의 등산객이 바로 아래 왼편 우회로를 떠들썩하게 웃으며 지나가고 있었다.

해가 저물녘에야 출발 지점에 돌아왔다. 올라갈 때 스치고 지나간 산행안내도 앞에서 오늘의 행로를 되짚어본다. 되돌아보고 싶지 않은 길, 그 지점으로 보이는 암릉이 염불봉이다. 기도 없이 땅에 내려설 수 없는 바위. 인간이 자연에서 두려움을 느끼지 않는다면 언제 간절한 기도를 하고, 어디서 이다지도 절절하게 몸과 마음을 낮추어 바닥에 엎드릴 것인가. 도심에서 자동차로 30분 거리에 우리 도시를 감싸고 있는 아버지를 닮은 산이 있고, 그곳에 사람을 만드는 길이 있다.

개미, 주권을 가지다

동네 은행에서 인터넷으로 주식 거래를 할 수 있다는 통장을 만들었다. 증권 거래소에 나가거나 전화하지 않고도 안방에서 혼자 주식 거래를 할 수 있다는 것이 여간한 매력이 아니었다. 기백만 원으로 수익을 올려 보겠다고 누구의 얼굴을 마주 대하거나 상담하는 일은 낯간지러워서 여태 엄두를 내지 못하던 일이다.

분석 전문가들의 조언에 귀를 기울였다. 한 달을 계획해서 가상매매로 공부할 요량이었다. 두 주일이 지날 때쯤 가상의 계좌에 삼십 퍼센트가 넘는 수익이 쌓였다. 이렇게 쉬운 돈벌이를 두고 여태 절약하는 것만을 능사로 알아온 내가 한심했다. 바로 시장으로 뛰어들지 않고 가상으로 시작한 것도 바보나 하는 짓이었다. 매일같이 오르기만 하는 그 무형물질, 통장을 개설한 첫날부터 실물을 살 것을, 보름을 공부한 덕에 나는 수십만 원이 넘는 돈을 놓쳐버린 꼴이 되었다.

마음이 바빠져서 계획을 조정했다. 이제 실전이다. 상류로 헤엄쳐 올라가는 거대한 무리의 고기떼를 바라보며 어망을 든 나는 긴장한다. 달걀을 한 바구니에 담지 말라는 격언이 있다기에 세 등분으로 나누었다. 미국을 비롯한 세계증시의 동반 상승, 세계적인 차이나 붐이라는 각종 호재가 넘쳐흐른다. 개인의 추격 매수가 위험하다는 분석 전문가들의 경고성 목소리도 날마다 쏟아지는 붉은 삼각점과 풍부한 유동성 장세라는 말 아래로 잦아들었다.

내 가슴은 늘 시장보다 더 출렁거렸다. 오전 운동을 작파한 지 석 달째다. 기다리던 주말이 지겹게 느껴진 것도 달라신 일상이다. 손실을 보았을 때보다 이익을 낸 종목에 대해 투자한 돈이 너무 적어서 안타깝다. 석 달간 시장이 이백 포인트를 끌어올릴 동안 일상을 송두리째 쏟아 부은 내 통장을 결산해보니 제자리다.

마음을 제자리에 돌려놓는 일도 쉬운 일은 아니었다. 일상으로 돌아와 보니 정신을 팔아 욕심을 사느라고 낭비한 시간이 아깝다. 하지만 얻은 것 또한 만만찮다. 그 사이 부동산이 요동칠 때는 워낙 천문학적 숫자 놀음인지라 그냥 듣고 있기에도 힘에 부

쳤었다. 그래도 몇 백만 원이지만 주권을 가졌으니 친구들과의 대화에 한 몫 거들 수 있어 주눅이 들지 않았고 동시대를 함께 살아가는 중산층 시민 같아서 스스로 흡족했다. 그들과의 대화 도중에 손실이 난 종목은 슬쩍 빼고 삼십 퍼센트가 넘는 수익을 챙긴 종목 이야기를 넌지시 흘렸다. 한 친구가 욕심은 화를 부른다며 몇 천만 원 정도는 떼어서 확실한 전원 주택지를 사두라고 한다. 나는 고작 기백만 원을 투자했다는 것을 들킨 것 같아 얼른 화제를 돌렸다.

게릴라성 호우로 외출이 힘든 어느 날 오후, 모처럼 텔레비전의 경제 채널을 돌렸다. 푸른 화살로 시장은 섬뜩한 공포였다. 거대한 태풍이 주식 시장을 덮쳤다. 놀란 투자자들이 앞다투어 실물을 내던지느라 아우성이었다. 분석 전문가들이 미국 발 비우량 주택 담보대출을 원인으로 지목하면서 그것이 마치 자기들의 잘못인 것처럼 시선을 아래로 떨구고 있었다.

우리 동네 앞에 맑고 넓은 냇물이 있었다. 마을 사람들이 모두 사용하는 공동 샘터가 냇가 큰 나무 밑에 있었으니 그 냇물은 우리 동네의 생명줄이기도 했다. 다섯 살 어린아이의 놀란 기억이 아직도 생생하다. 마시고, 고기 잡고, 목욕하던 그 순한 냇물이 어느 날 성이 났다. 눈앞에서 함박만한 호박이 떠내려가고 초가 지붕이 떠내려가고 돼지가 괴성을 지르며 격류에 휩쓸려갔다. 성난 황토 빛 물살은 순하게 생명을 보듬던 마을 앞 냇물의 또 다른 얼굴이었다. 오랜 시간이 지난 후에 학교에서 그것이 사라호 태풍이었다는 것을 배웠다. 그날, 고모의 손을 잡고 언덕에서 바라보던 냇물이 나까지 송두리째 휩쓸어 가고야 말 것 같은 두려움에 얼마나 동동거렸던가. 나는 오늘, 잊힌 줄 알았던 그날의 성난 냇물을 주식시장에서 보았다.

이 맛이야

아이들이 짐을 꾸리느라 늦은 시각까지 부산하다. 모처럼 세 자매가 함께 집을 떠나게 되어 신이 나는 모양이다. 엄마가 도울 일이라도 있느냐며 튜브식 고추장과 일회용 커피믹스를 내밀었다. 시큰둥하다. 현지에서는 현지의 음식을 먹는 것이 여행자의 도리란다. 호의를 거절당한 나는 후회할 것이라는 어깃장을 놓았다.

십수 년 전, 처음 경험했던 해외여행은 나를 들뜨게 했다. 최상의 컨디션을 유지해야 빡빡한 여행일정을 소화할 수 있을 것인데 음식이 가장 큰 걱정이었다. 비위가 약해서 음식 까탈이 많던 나는 고추장과 김치를 따로 준비했다. 몇 겹의 비닐로 포장해서 처음 이틀은 별 문제가 없었다. 식사시간이 되면 내 주위로 사람들이 모여들어 준비성 있는 사람으로 인기를 끌었다.

사흘째 되던 날, 대만 고궁 박물관에서 일이 터지고 말았다. 보물처럼 메고 다녔던 배낭 속의 김치가 문제였다. 후텁지근한 실내온도와 체온으로 발효되어 내뿜는 김치의 냄새가 보통이 아닌 모양이었다.

처음에는 외국인들이 하나 둘 나를 피하더니 힐끗힐끗 돌아보며 상을 찌푸렸다. 남편이 손목을 잡아끌었다. 김치에 이유가 있다는 것이었다. 화장실에라도 가서 김치를 해결하란다. 아까워서 그럴 수가 없었다. 지금까지 등에 메고 다닌 정성도 문제려니와 앞으로 남은 날은 어쩌느냐고 했다.

별스럽다고 화를 내던 남편은 나를 피해 다른 방으로만 돌고 있는지 보이지도 않았다. 코를 벌름거리면서 내게서 벌어지는 외국인들과 나를 피하는 게 역력해 보이는 동료들. 창피하고 무안했다. 가이드의 설명도 귀에 들어오지 않았다.

슬그머니 밖으로 나왔다. 낭패한 얼굴로 혼자 벤치에 앉아있는 나를 사람들이 힐끔거리며 지나갔다. 단체에서 낙오된 줄 알고 경찰에 알리기라도 하면 어쩌나 덜컥 겁이 난다. 버릴 곳이 있다면 지금이라도 버리고 실내로 들어가고 싶다. 말도 통하지 않는데 어떻게 하나, 불안한 마음으로 서성거렸다.

남편이 벌겋게 달아오른 얼굴로 뛰어나왔다. 한참을 보이지 않으니 내심 불안했던 모양이다. 그도 마음이 편치 않아 제대로 관람하지 못한 듯했다. 그날의 박물관 견학은 우리 부부에게는 최악이 되어버렸다. 세계에서 가장 크다는 고궁박물관에서 오천 년 중국 황실 컬렉션 중 최고의 것들을 한꺼번에 볼 수 있다며 기대가 크던 남편이었다. 그는 귀중한 기회를 놓쳤다며 나를 원망했다.

저녁식사 때 식당에서도 일행과 떨어진 구석 자리로 들어갔다. 황실에서 사용하던 보물을 눈으로 많이 보았으니 오늘 저녁은 황제가 드시던 특식을 준비했다고 가이드가 생색을 냈다. 팔뚝보다 큰 이름 모를 생선은 무슨 향료를 사용해서 조리했는지 느끼해서 도저히 먹기 어려웠다.

"아까 김치 냄새나던데 아직 있어요?"

박물관에서 슬슬 나를 피하던 배 선생이다. 남편의 눈치를 보아가며 슬며시 꺼냈더니 건너편 테이블에 있던 사람까지 손을 내민다. 모두들 왁자지껄 웃으며 "역시 이 맛이야!"를 소리 높여 외친다.

1년간 미국에서 살 때다. 대만 여행 때의 김치 사건도 있고 해서 모든 것은 현지에서 현지식으로 적응해 나가기로 각오를 단단히 했다. 모든 종류의 상가가 한꺼번에 몰려있는 쇼핑몰에서 최소한의 자취도구를 장만하다가 커피메이커를 집어 들었는데, 남편이 손을 젓는다. 그게 우리 살림에 급하냐는 것이다.

아침에 일어나자마자 분위기를 살린다며 바스켓 필터에 원두를 갈아서 넣고 커피 메이커에 전원을 넣었다. 그윽이 퍼지는 커피 향을 맡으며 내다본 창 너머 숲속 마을은 이국의 정취를 실감하게 했다. 치즈와 야채를 곁들인 샌드위치와 커피를 테이블에 올렸다. 남편은 이게 아침이냐며 시큰둥해하더니 샌드위치를 먹는 둥 마는 둥하고 커피는 아예 밀쳐두고 일어섰다.

첫날부터 떨떠름한 기분으로 아침식사를 마쳤다. 혼자 커피를 마셨으나 커피메이커에서 내린 커피는 내 입에도 싱거웠다. 그렇다고 그 나라 사람들처럼 온종일 머그잔을 들고 물처럼 마시고 다니는 일도 나의 체질상 불가능했다. 며칠 후부터 슬그머니 국과 밥으로 바뀌고 커피메이커는 장식품이 되었다.

한국 마켓에 장을 보러 갔다. 낯익은 상표들과 낯익은 사람들, 주인에서부터 손님까지 대부분이 한국 사람이다. 십 년을 미국에서 살았거나 삼십 년을 산 사람도 먹성은 변하지 않았는지 개개인의 카트에 실린 내용은 비슷했다. 나도 배추와 고춧가루와 멸치젓을 먼저 싣는다. 한국에서 수입된 커피믹스도 보인다. 말없이 카트에 집어넣는다. 따로 작은 주전자도 챙겼다.

미국을 떠나기 며칠 전, 그동안 가까이 지낸 몇 가족을 저녁식사에 초대했다. 우리의 살림 규모를 아는 그들이 먼저 한 가지씩 음식을 가져왔다. 코쟁이 남편을 만난 지 사십 년이 된다는 영자 할머니는 집에서 띄운 청국장으로 소문난 토종 할머니이다. 그 외에도 각각 입안이 얼얼하도록 매운 안동 찜닭, 젓갈과 진간장으로 간을 맞춘 짭짤한 준치조림, 굴과 조갯살을 듬성듬성 썰어 넣은 동래 파전, 땅속에 묻어 익힌 김장 김치까지 가져와서 나는 밥과 국만 끓이고도 완벽한 잔칫상을 마련했다.

고향을 떠난 사람들은 "바로 이 맛이야!"를 외치며 고향에 돌아온 듯 행복해했다. 잊힌 줄 알았던 우리의 토종 입맛들은 고향 떠날 때 가슴에 묻어 두었다가 언제 어디서든 물만 주면 우우 일어나고, 햇볕만 쬐면 키를 쑥쑥 키우는 생명체였다.

아이들이 돌아오는지 현관 쪽이 소란스럽다. 햇볕에 그을려 단단해진 얼굴로 들어오는 딸들에게 나는 숨 쉴 틈도 없이 쏟아낸다.

"날씨는 어땠니? 먹을거리는, 컨디션은 좋았니?"

식사 때마다 엄마가 내밀던 고추장 생각이 간절했단다. 입에도 맞지 않고 비싸기만 한 것이 싱겁기까지 해서 눈물을 섞어 먹었다며 울상을 해 보인다.

닫힌 골목

강좌 시간에 늦어 연신 시계를 보며 헐레벌떡 백화점 건물 안으로 뛰어들었을 때, 막 엘리베이터의 문이 열리고 있었다. 급한 마음에 서둘러 타고 보니 안에 한 남자가 있었다. 내 뒤를 따라 들어오던 한 여자는 남자를 힐끗 보더니 황급히 도로 내렸다. 문이 닫히고 나는 버튼 11을 눌렀다. 약간의 진동이 있었고 엘리베이터는 움직이기 시작했다.

둘만이 남아있는 닫힌 공간이 부자연스러웠다. 나는 숫자가 움직이는 것을 주시했다. 3에서 4로 바뀌는데 한 시간은 걸리는듯했다. 나는 그 남자가 백화점의 시설을 관리하는 사람이려니 생각하고 애써 태연한 척했다. 시간은 더디 흐르고, 밀폐된 네모상자에 시선을 둘 만한 곳도 없었다. 바닥을 내려다보는데 남자의 남루한 운동화가 눈을 긴장시킨다. 신문에 무언가를 둘둘 말아서 옆구리에 낀 손이 바싹 야위어 날 선 갈퀴 같다. 힐끔힐끔 거울 속으로 남자를 보았다. 깡마른 체구에 거무칙칙한 얼굴, 움푹 패인 눈, 신경질적인 듯 미간이 좁은 짙은 눈썹이 현상수배 전단의 몽타주를 보는 듯했다. 몸이 뻣뻣하게 굳어오고 쿵쿵 심장 뛰는 소리가 네모상자를 울렸다.

'천의 손, 천의 눈으로 보시는 관세음보살님'

관세음보살을 찾긴 했는데 기도가 이어지지 않았다. 그 남자의 손에 말아든 신문지 사이로 날카로운 무언가가 삐죽이 나올 것만 같았다. 기어이 남자의 운동화 한쪽이 움직였다.

후다닥, 가방 속의 양산을 꺼냈다. 적당히 접혔던 양산을 새삼 풀어서 다시 접는데 손가락이 자꾸 뒤엉켰다. 며칠 전 작고 앙증맞아서 구입한 삼단 양산인데 너무 약해 보여서 불안했다.

층수를 알리는 숫자는 겨우 5를 지났는데 지금이라도 열림 버튼을 누르면 엘리베이터는 6층에서 설 것인가? 휴무일이라 엘리베이터는 문화센터가 있는 11층에서만 열리도록 조작되어 있을 것이다. 문이 열린다 해도 아무도 없는 매장에 나 혼자 내릴 수는 없는 일 아닌가. 머릿속이 혼란스럽다.

양산을 든 손에 새삼 힘을 주고 숫자판에 눈을 고정시켰다. 속도로 승부한다는 디지털 시대에 무슨 엘리베이터가 이렇게 느릴 수 있을까. 엘리베이터에 각인된 로고를 노려보았다. 누구나 알 만한 대기업의 이름이 붙어있는데 이런 느림보를 만들고도 세계적인 회사라니 배신감이 든다.

혼자 밤의 해변을 따라 자취집으로 가던 날, 나를 기다려주던 주인아주머니가 그리웠다. 그날의 밤바다는 먹물처럼 짙었다. 송선생 집에서 놀다가 11시쯤 나왔는데, 돌아오는 골목길은 더 어두웠다. 자취집은 해변을 벗어나서 마을 안으로 10분 남짓 걸으면 되는 곳으로 평소에는 행인이 많은 길이었는데 막상 나와 보니 그게 아니었다. 어촌의 밤 11시는 괴괴한 적막이었다. 사위가 깜깜한 길을 걷는데, 내 발소리에 내가 놀라 가슴이 뛰었다. 금방이라도 검은손이 뒷덜미를 낚아챌 것 같았다. 마음이 급할수록 종아리에 경련이 오는지 발이 떼어지지 않았다.

교회를 지나 모롱이만 돌아가면 현주네 집, 세 집 건너 태화네 집, 은영이네 집, 걸음은 더디고 머리만 달렸다. 주절주절 아이들의 이름을 외며 마지막 모퉁이를 돌아서는데 앞에 시커먼 물체가 버티고 막아섰다. 속에서 쿵하고 무너지는 소리가 나고 온몸에 힘이 스르르 풀렸다.

"선상님 어대 갔다 인자 오능교?"

주인집 아주머니가 걱정이 되어 나왔다고 했다. 그날 밤 그녀의 거친 손이 그렇게 든든할 수가 없었다.

밖과 철저히 유리된 닫힌 수직의 골목이 섬뜩하다. 형광등 빛도 암흑보다 더한 절망을 밝히지 못한다. 앞을 가로막아 줄 아무런 장치도 없다. 소리를 들어줄 사람도 없다. 문명은 빌딩으로 도시를 채워 닫힌 수직의 골목으로 인간을 몰아넣고, 현대를 사는 우리는 한없이 작아져서 문명을 거역하지 못한다. 이 거대한 속박에서 풀려나고 싶다. 열린 수평의 골목으로 돌아가고 싶다. 머리와 가슴이 아우성이다.

"밖으로 나갈라마 우야능교?"

8층을 막 지나고 있을 때였다. 뜬금없는 남자의 질문에 하마터면 양산을 든 손이 튀어나갈 뻔했다.

"아까 1층에서 왜 안 내렸어요?"

따지듯 묻는 말에 반응이 없었다. 11층에서 문이 열리고 밖으로 나와서 돌아보니 그 남자는 엘리베이터 안에 나무처럼 서서 물끄러미 밖을 살핀다. 버튼 1을 누르고 내려가서 문이 저절로 열리면 밖으로 나가라고 일러주었다. 후들거리는 다리를 진정시키고 강의실로 들어가려는데 기분이 개운치 못했다. 그 남자가 끝내 닫힌 골목에서 빠져나가지 못할 것 같은 생각에 다시 움직이기 시작한 엘리베이터의 숫자만 지켜보았다.

큰장

시장을 맴돈다. 2지구 화재 현장을 둘러친 안전펜스를 두 바퀴째 돌고 있다. 저민치서 정 사장의 시원스런 이마가 불쑥 나타날 것 같다. 설이 일주일도 남지 않았으니 그는 이 단대목의 큰장을 지킬 것이다. 그것은 장사 이전에 그를 찾아 무작정 가판을 맴도는 고객과의 신의이기도 하다.

장바구니를 움켜쥔 손끝은 시리다 못해 아파 오는데 속에선 열이 치솟는지 몸이 후끈거린다. 펜스를 벽으로 삼고 임시 가판을 편 상인들은 제각기 원래의 상호를 팻말에 매달아 세우고 지난날의 단골을 부른다. 임시로 낸 가판 어물전도 여러 곳 보인다. 가까운 데서 살까 생각해 보지만 화장실에라도 다녀온 사람처럼 몇 올 남지 않은 머리카락을 쓸어 올리며 "많이 기다렸는교?"하며

정 사장이 멋쩍게 웃으며 걸어 나올 것 같아서 주저된다. 신혼시절부터 시어머니를 따라 드나들기 시작했으니 대를 이어 40년 단골인 셈이다. 그동안 우리 집 제수 중 큰 부분을 맡아 주었다는 생각이고 또 이번 같은 어려움에 그가 건재한 것을 확인하고 싶은 마음이 드는 것이다. 나는 안전펜스에 덕지덕지 붙어있는 옛 상호와 전화번호를 확인하며 왔던 길을 되짚어 천천히 걸음을 옮겼다.

우리 동네 사람들은 서문시장을 큰장이라고 불렀다. 어머니가 바쁘실 때 나는 저고리 동정이나 틀 바늘을 사오는 일을 하곤 했는데 가끔 하는 시장 심부름이 즐거웠다. 단추가게에 이어 붙어 있어서 쉽게 빨려 들어가는 곳은 옷과 비단을 파는 포목전이었다. 눈이 아프도록 요지경 속 같은 포목전을 돌고 나와서 거울가게 앞을 지나면 방금 보았던 새 옷과 장신구로 치장한 공주가 거울 속에서 어른거렸다. 건어물전을 지날 때면 후각을 자극하는 오징어 냄새에 코를 실룩거렸고 김이 무럭무럭 오르는 찐빵을 쪄내는 가마솥 앞에서는 하염없이 서성거렸다. 어머니는 엎어지면 코 닿을 거리인데 한나절이나 걸린다며 시장구경을 좋아하는 내게 커서 장돌뱅이가 될 것이냐고 나무랐지만, 기실 나는 커서 장돌뱅이가 되고 싶었다. 비녀 머리의 어머니가 시골에서 가져온 곶감 따위를 선생님께 인사로 드리면서 머리가 땅에 닿도록 절하던 것과는 달리 파마머리의 정순이나 경임이 어머니가 선생님 앞에서 소리 내어 웃기도 하고 점원을 대동해서 가져온 무거운 백로지 뭉치를 교탁에 내려놓고 돌아갈 때, 당당하던 뒷모습이 부러웠다. 그들이 큰장에 점포를 가진 부자인 것을 모두가 부러워하는데도 어머니는 사장이란 말 대신 꼭 장돌뱅이라는 말로 오르지 못할 나무를 깎아내렸다.

연기로 뒤덮인 서문시장이 텔레비전 화면을 채운 것은 연말 늦은 시각이었다. 희망으로 맞으려던 새해가 검은 연기로 자욱했다. 며칠간 아무 일도 손에 잡히지 않았다. 지하철 참사에 이은 서문시장의 대화재로 시민들의 마음도 숯검뎅이가 되었는지 거리의 표정이 어둡나. 차라리 눈으로 확인하고 오면 마음의 정리가 될 것 같아서 버스를 탔다. 시장이 가까워져 오자 잔뜩 내려앉은 하늘이 더욱 무겁다. '서문시장 장사합니다'라는 대형 현수막이 매캐한 바람에 펄럭이고 폴리스라인을 치고 지키는 경찰들과 소방관, 그리고 손님보다 구경나온 시민들이 그날처럼 큰장을 가득 메웠다.

언제였더라. 꿈속같이 아련하다. 어머니의 손을 잡고 큰장의 불구경을 나왔었다. 사이렌 소리와 불 끄는 사람, 물건 꺼내는 사람, 게다가 도둑까지 가세했는지 군데군데서 악다구니가 끊이지 않았다. 바로 옆에서 들리는 괴성은 내 귓전을 후려치고 뛰고

쫓는 사람들에 밀려 나는 어머니의 손을 놓치고 넘어졌다. 바닥 여기저기에 질척한 물이 고여 있었다. 그 후로 오랫동안 자다가도 오줌을 싸곤 했다.

그을음과 재가 뒤범벅되어 폭격 맞은 듯 주저앉은 2지구는 그날보다 처참했다. 발화 지점이 서편 1층이라는데 나흘이나 지난 2층 여기저기에서 아직도 연기가 새어나온다. 포목 원단들이 워낙 단단하게 쟁여 있어서 빨리 탈 수도, 끌 수도 없다는 것이다. 1층 그릇가게와 지하상가에서는 연신 작은 수레에 물건이 실려 나온다. 사흘이나 꺼지지 않은 불과 밤낮없이 뿜어댄 물길 속에서 온전하게 빠져나올 물건이 있다는 것이 오히려 놀랍다. 바람이 불 때마다 눈이 맵다. 한 커튼 점포에 진열된 커튼에서 아직도 흘러내리고 있는 물은 삶의 터전을 잃은 주인의 눈물을 대신하는 듯했다.

낯익은 상호를 매단 가판 앞에서 멈췄다. 주인이 힐끗 보더니 아는 체를 한다.

"형제상회 찾으시지요? 형제상회 앞집입니다."

"형제상회는 어디에서 장사하나요?"

"이참에 큰장을 떠난답니다."

"……."

"지긋지긋하대요. 큰장에 불이 한두 번입니까?"

요즘 사람들 번드레한 대형 마트로 발길 돌린 지 오래라고, 영남권 최대의 시장은 옛날에 다 끝난 일이라고, 자기도 갈 곳 없어 이러고 있다고 그는 묻지도 않은 말을 주절주절 늘어놓는다. 필요한 생선을 고르고 집에 가서 다듬을 테니 그냥 달라고 했다. 주인이 힐끗 쳐다보며 "염려 마세요. 형제상회보다 더 잘해 드립니다." 하고는 칼질을 시작한다. 장갑 낀 손도 이미 얼었는지 움직임이 둔해 보인다. 지하 어물전을 현대식으로 수리한 것이 채 2년도 되지 않았는데, 그 터전을 화마에 묻고 노점으로 나 앉은 사람들.

"그럼 형제상회는 어디로 간대요?"

생선을 손질하느라 못 들었는지 그에게서는 더 이상 대답이 없다. 시장을 빠져나오는데 누군가 부르는 소리가 환청처럼 들려 고개를 돌렸다. 무너진 2지구 옥상 위에 삐딱하게 서 있는 '서문시장 쇼핑은 2지구에서'라고 쓰인 광고판이 그을음을 덮어쓴 채 저 혼자 외롭다.

구두를 보내면서

기어이 오른쪽 발톱 두 개가 빠지고 말 모양이다. 나는 시커멓게 부어있는 발가락을 이리저리 눌러보다가 구두를 꺼내어 닦기 시작했다. 좋은 주인 만나기를 희망하면서 깨끗이 닦은 구두를 투명한 비닐봉지에 넣어서 재생 의류함 위에 올려놓았다.

지난해 생일선물로 받은 구두다. 딸아이와 함께 백화점에 갔다가 할인행사를 한다기에 신어본 것이었다. 반짝이는 액세서리가 붙은 보라색 구두를 딸아이는 요즘 유행하는 디자인이라면서 적극 살 것을 권했다. 하지만 신고 있는 구두에 아무 문제가 없고, 또 할인했다 해도 가격이 만만치 않아서 매장을 그냥 나왔다. 아이는 그때 내가 그 구두를 사지 않은 것이 마음에 쓰였던 모양이다.

친구와의 식사 모임에 가면서 원피스를 차려입고 나섰다. 버스 정류장으로 가는 내리막길에서 오른쪽 발가락이 아파왔다. 되돌아가서 신발을 바꿔 신을까 생각해 봤지만 새 구두에 맞는 옷을 맞추느라 두 번이나 옷을 갈아입는 통에 약속시간에 늦을 판이었다. 불편한 오른발을 바닥에서 급하게 떼느라 번번이 균형을 잃고 기우뚱거렸다.

식사를 마치자 친구들은 딸 많은 내가 비행기를 탈 것이라며 차茶를 사라고 했다. 나는 발이 아프다는 내색도 못하고 찻집을 찾아 나섰다. 발은 아픈지 쓰린지를 분간하기도 어려웠지만 친구들에겐 그 사실을 숨기느라고 진땀을 흘렸다.

집으로 돌아와서 보았더니 오른쪽 발가락 두 개가 물집이 잡혔다가 터져서 양말과 발이 붙어 있었다. 구두 속을 이리저리 더듬어보다가 구두를 베란다에 던져놓았다. 며칠 뒤 구두를 수선하러 갔더니 종업원은 본사에 보내서 수선할 것이라고 선심 쓰듯 말했다. 상대가 유명 백화점의 번듯한 가게이고, 첨단시스템에 의한 인체공학적 설계로 만들었다고 강조하는 그의 말이 마치 내 발에 문제가 있다는 듯이 들렸다.

두 주일쯤 지난 날 기말고사의 학부모 시험감독 자격으로 막내의 학교에 가게 되었다. 시험이 끝나면 담임선생님께 인사를 드려야 할 것 같아서 정장을 하고 다시 새 구두를 갖춰 신었다.

감독은 세 시간이었다. 교감 선생님은 힘들더라도 절대로 뒷자리에 앉아서는 안 된다고 주의를 주었다. 부감독이라고는 하지만 모든 일은 앞에 계시는 선생님께서 다하므로 교실 뒤편에 서 있기만 하면 되는 일이었다. 하지만 하는 일 없이 50분을 견디는 일은 벌을 서는 것과 진배없었다. 발가락을 오므리고 있느라고 전신에 힘을 주고, 세 번씩이나 2층에서 5층까지 오르내리는 일도 발에는 무리였다. 마지막 시간에는 다리에 마비가 오는 듯 저리고 두통까지 겹쳐서 시험도 끝나기 전에 도망치고 싶었다.

시험이 끝나고 담임선생님께 인사할 경황도 없이 집으로 돌아온 나는 구두를 벗어 쓰레기통에 던져 넣고 말았다. 두 번 다시 돌아보고 싶지 않았다. 발에 냉찜질을 하고 일찍 잠자리에 들었다. 하지만 시간이 흐를수록 정신은 또렷해지고 막내가 원하는 운동화를 두 켤레나 살 수 있는 구두 값이 어른거렸다. 큰 맘 먹고 장만해준 딸아이에게도 경우가 아닌 일 같아서 쓰레기통을 뒤져서 구두를 집어 들었다.

구두는 다시 신발장 맨 위 칸으로 올라갔다. 그리고 해가 지나갔다. 앞산에 꽃 사태가 났다고 친구들에게서 전화가 왔다. 벚꽃이 절정이라는데 꽃을 배경으로 사진이라도 찍으려면 화사한 옷을 입어야 할 것 같았다. 맨 위 칸의 구두를 까치발까지 해가면서 내렸다. 친구가 승용차로 나를 태워 준다니 걷지 않아도 될 터이다. 이런 기회에 가끔 신어서 길을 들여야 할 것 같았다.

앞산의 옛길은 아직 남아있는 개나리와 만발한 벚꽃, 그리고 때 이른 철쭉까지 어우러져 세상의 꽃을 한꺼번에 쏟아낸 듯 눈부셨다. 산 중턱까지 찻길을 내어 자리한 카페에서 스파게티를 비비며 친구들은 약속이나 한 듯 꽃길을 걷자고 했다. 모두 그러자고 했고, 나는 구두가 마음에 걸렸지만 혼자 피할 수가 없었다. 친구들은 여기저기서 환호하고 사진을 찍어 대느라고 시간 가는 줄 모르는 모양이었다. 모두 이 봄을 영원히 잊지 못하겠다는 표정들이었고 내 고통을 눈여겨보는 사람은 아무도 없었다. 저문 산에서 엉금엉금 기다시피 산길을 내려오면서 나는 절뚝이는 발을 참다못해 혼자 길바닥에 주저앉아서 구두를 벗었다.

닳을 때까지 참아가며 신노라면 편안해지는 날이 돌아올까. 칠순을 넘긴 할머니 한 분이 지금이라도 남은 생은 각자 따로 살고 싶다는 이야기를 하는 걸 텔레비전에서 본 적이 있다. 할아버지와 자식들이 반대했고 출연한 여러 사람의 의견은 반반이었던 것 같다. 그때 나는 그 나이에 무슨 이혼이냐고 생각했는데, 오늘 문득 그 할머니의 편에 손을 들고 싶다.

찬물에 발을 담그고 다시 발을 내려다본다. 피와 진물이 함께 엉겨 붙은 발에서 배어 나오는 핏물이 서서히 번진다. 따가운 건 잠깐이고 놓여난 것만으로도 발은 홀가분하고 편안하다. 밖에서 조잘대며 계단을 뛰어 내려오는 아이들의 발소리가 건반을 튕기듯 경쾌하게 들린다.

김 서방의 이민

하늘이 내려앉을 듯 쏟아지는 빗줄기 너머로 비행기는 떠났다. 한참 동안 동쪽 하늘을 바라보던 우리는 말없이 발길을 돌렸다.

"잘 갔어. 잘살 거야."

눈물을 훔치며 시어머니가 먼저 침묵을 깼다. 우리는 대답 대신 서로의 눈길을 피했다. 식당에 둘러앉아 종업원 아가씨가 음식 주문을 받으러 왔을 때에야 겨우 기어들어 가는 소리로 내가 말했다.

"김 서방은 잘살 거예요. 주위에서 얼마나 부러워하는데요."

그제야 형제들은 제각기, 처지만 되면 자기네들도 가고 싶다는 쪽과 아무려면 말이 통하는 내 나라에서 살아야 한다는 쪽으로 나뉘어 분분해졌다. 셋째 시누이 가족의 이민이었다.

몇 해 전 미국에서 만났던 사람들이 아직도 생생하다. 10년이나 미국에서 살고 있지만 아직도 미국을 알지 못한다는 미스터 신은 오랫동안 내 가슴을 아프게 한 사람이다. 그는 미국으로 시집간 누이의 초청으로 관광차 왔다가 풍요롭고 아름다운 미국에 매료되어 이민한 교포다. 오리건 주州의 주도州都 세일럼에서 그로서리를 경영하는 그는 어엿한 사장님으로, 우리가 만난 교포 중에 비교적 형편이 여유로운 편이었다.

우리가 넓고 호화로운 그의 집에 초대되었을 때만 해도 허세를 부리는 정도로 생각했다. 그의 집은 비스듬한 언덕과 연결되어 있어서 공원을 연상케 했다. 눈대중으로도 정원이 이삼백 평은 넘어 보이고, 아름드리 정원수는 이 집의 나이가 쉰 살도 넘었음을 증명하고 있었다. 눈을 키우며 부럽다는 감탄을 연발하자 넓은 나라에서 이 정도 공간을 차지하는 일은 보통이라며 그는 겸손해했다. 그의 능력에 찬사를 보내고 네 식구가 살기에는 적막해 보이기까지 하는 집을 둘러보았다. 2층에 네 개의 침실, 1층에는 손님과 가족을 위해 따로 분리된 두 개의 거실과 주방, 지하 패밀리 룸에는 노래방 시설까지 갖추어져 우리는 부러워했다.

기름진 음식과 십 년도 넘게 익혔다는 술이 돌고, 최신의 노래방기기 앞에서 우리의 80년대가 따라 돌았다. 부잣집에 왔으니 오늘 하루는 우리도 부자라며 즐거운 마음으로 시작했던 노래가 흐느적거리기 시작한 건 채 한 시간도 지나지 않아서였다. 노랫가락이 이상해진다 싶더니 그가 울기 시작했다. 그의 아내가 안절부절못했다.

상처가 도졌다. 고향 사람을 만나면 그의 상처는 덧나고, 고향이 그리울 땐 외로움에 숨이 막힌단다. 10년 세월 동안 쌓인 그의 아픔을 우리가 며칠 만에 알 수 있을까마는, 우리도 함께 어깨동무를 하고 울고 웃었다. 그는 고국으로 돌아갈 수 있는 우리가 부럽다고 했다.

미스터 신은 이민을 결정하기 전에 열 번이나 미국을 방문했을 정도로 신중한 사람이었다. 현지를 돌아보고 변호사와 사업체에 대하여 충분한 상담을 하고 실행에 옮긴 이민이었다. 하지만 계획된 사업은 문화적 충돌 때문에 번번이 빗나갔다. 투자금은 조각나고 그는 좌절했다. 돌아갈 수도 없었다. 상처받고 외로워한 그간의 세월이 그는 억울했다.

"멋진 삶을 꿈꾸었지요."

좋은 환경에서 아이들 교육 시키고 지금 잘살고 있지 않느냐며 남편이 그의 어깨에 팔을 걸었다.

"삼백예순다섯 날을 긴장 속에서 사는 것도 삶인가요?"

자신은 머슴일 뿐이라고 충혈된 눈으로 그는 주억거렸다. 고국을 떠나기 전 충천했던 기백과 용기는 흔적조차 찾을 수 없고 지금은 관광차 들르는 친지마저 피한다고 했다. 십 년의 세월은 그를 주인의 자리로 앉히는 데 턱없이 모자랐다. 여유와 아량은 주인의 몫이고, 쌓인 한恨과 늘린 업業만 머슴 차지였다.

나는 재미교포의 생활을 '링거관 속의 벼룩'에 비유하시던 스님의 법문을 떠올렸다. 벼룩은 원래 뛰는 습성을 지녔지만 좁은 링거관 속에 집어넣었더니 얼마 후엔 스스로 기어가더란다. 뛰려 하면 할수록 다치기만 할 뿐이다. 뛰는 놈이 스스로 기기까지 얼마나 많은 눈물을 쏟았을까를 생각하니 미물의 이야기라 하여 웃어넘길 수는 없었다.

몇 년간 준비하던 이민이 결정되었노라며 평소보다 훨씬 높은 시누이의 목소리가 전화선 너머에서 쟁쟁했다.

"아이들이 좋아하겠네요."

반색을 하며 잘된 일이라고 맞장구를 쳐주어야 했다. 그녀가 이민을 위해서 얼마나 노력했는지를 잘 아는 내가 그 정도의 반응을 보인 것은 그녀에 대한 예의가 아니었다. 하지만 벼룩이 목젖 위를 스멀스멀 기어가는 것 같아 말이 나오지 않았다.

환풍기가 제대로 작동하지 않는지 식당은 고기 굽는 연기로 매캐하다. 연기 때문인지 염려 때문인지 모를 눈물 속으로, 포틀랜드공항에 내린 김 서방이 밖으로 걸어가고 링거관 속의 벼룩이 펼쳐진 세계지도 위로 줄지어 기어가는 모습이 어른거린다.

오빠의 독감

신문을 접는다. 경기침체가 마치 농민의 탓이기라도 하다는 듯한 논조가 속을 뒤틀리게 한다. 무소식이 희소식이라지만 오빠에게 너무 무심했다는 생각이 든다. 두 번째 신호음이 채 끝나기도 전에 오빠의 목소리가 들린다.

"웬일로 오늘은 집에서 전화를 다 받으세요?"

"좀 쉬려고."

"감기 걸렸어요?"

"좀 그러네. 벌써 달포가 지났는데."

나을 기미가 보이지 않는다는 어투였다. 항상 말하는 쪽은 나였고 말수가 적은 오빠는 대답도 제대로 챙기지 못하는 편이었다. 그런데 오늘은 오빠가 무언가 말하고 싶어 하는 것 같아 왠지

나는 두려웠다. 이순을 바라보는 나이가 되었으니 한 번쯤 쉴 때도 되었다는 얘기를 하고 서둘러 전화를 끊었다. 체구는 작지만 좀처럼 감기 한번 걸리지 않던 다부진 오빠였다. 닭, 오리, 메추리까지 온 나라가 조류독감에 휩싸여 술렁이니 오빠도 지금쯤 감기를 앓을 때도 되었다고 말은 쉽게 했지만 가슴이 아렸다.

대학의 축산학과를 졸업하고 유럽에서 자동화 기술을 익히고 돌아온 오빠는 우리를 설레게 했다. 선진화된 기술로 승부를 겨루겠다고 맨손을 걷어붙였다. 그가 계획한 청사진을 담은 슬라이드 영상은 우리의 가슴을 부풀게 했다. 자동화된 농법은 좁은 땅의 우리에게 최소한의 공간에 대량생산을 이끌어내게 하여 국제적으로도 가격 경쟁력을 갖출 수 있는 유일한 길이라는 것이었다. 영농후계자에 대한 정부의 지원도 상당했다. 담당 공무원들이 당신 같은 젊은 농학도가 있어 이 나라를 살릴 것이라고 오빠를 추켜세울 때는 오빠가 거인이 된 듯했다.

가끔 오빠의 농장에 갈 때는 소풍날만큼이나 즐거웠다. 신축된 계사에서 자동화된 시스템으로 돌아가는 생산라인을 바라보는 것은 뿌듯한 일이었다. 제시간에 맞춰 물과 사료가 차례로 케이지 속의 닭들에게 분배되었다. 생산된 달걀들이 벨트를 타고 돌아 저장소까지 옮겨져 무게에 따라 선별되어 포장되었다. 놀라운 일이었다. 케이지 속의 닭들이 진정 생물인지 의심스럽기까지 했다.

오빠의 농장은 축산대학생들의 실습현장이 되었고, 늘 많은 사람들로 붐벼 활기찼다. 오빠의 능력만큼이나 농장은 비대해지고 1차 산업도 기업이 될 수 있음을 보여 주었다. 투자가 늘어날수록 생산량에 가속도가 붙었다. 손익분기점에 도달하려면 생산을 더욱 늘려야 한다며, 오빠는 산란계에서 육계와 종계로 범위를 넓혀나갔다. 농장에서 건설 현장으로 바뀌는지 갈 때마다 새로운 시설들이 들어서고 때로는 건설 인부의 수가 농장 인부의 수를 능가했다.

가파른 성장에 약간의 두려움을 느끼기도 했다. 돈을 많이 벌었다는 소문이 파다했고 빚이 너무 많다는 걱정스러운 풍문도 들렸다. 저리低利로 농어민을 위해 풀린 막대한 정책자금을 이용하지 않는 것은 무능의 반증이라는 것이 오빠의 변辯이었다.

독감이라는 것이 사람만의 전유물은 아닌 모양이다. 처음에는 남의 일이거니 했다. 대수로운 병명病名 같지도 않았다. 동남아에 비상이고 홍콩과 중국, 미국까지 비상이라니 사람이나 동물이나 모두 세계화의 대열에 합류했음이 틀림없다.

텔레비전이 바빠지기 시작한다. 걸리면 치사율이 95% 이상이며, 변형된 바이러스가 사람에게 감염될 수도 있음을 주지시킨다. 화생방전이라도 하는지 완전무장한 살殺 처리 반원들의 작업 모습이 매시간 방영된다. 그러면서도 입으로는 익혀서 먹으면 괜찮다는 관계 종사자를 위한 배려를 잊지 않는다.

멀쩡한 닭들이 구덩이로 들어간다. 자식처럼 기른 생명들이 늘어난 빚만큼 포대에 쌓여 구덩이 속으로 처박힌다. 오빠의 노력과 능력이 구덩이 속으로 함께 묻혀간다. 썩는 냄새가 땅속으로 파고들고 다시 가슴속 깊이 파고들어 치유할 수 없는 통증이 된다.

쉬어야 하리. 오빠도 한 번쯤은 쉬고 싶을지도 모른다. 대낮처럼 불 켜진 밤을 낮으로 속아서 알을 낳고, 날갯죽지를 퍼덕여 보지도 못한 자동화 시설 속의 닭들도 한 번쯤 쉬고 싶었는지도 모른다. 누가 요술피리를 불어주면 그들도 따라가고 싶었을 것이다. 그렇게 그들은 구덩이 속으로 들어가고 말았다.

모처럼 텔레비전 화면이 밝다. 네 차례의 시도 끝에 한국과 칠레 간 자유무역협정 국회 비준안이 통과되었다. 국회의장이 두드리는 의사봉 소리가 경쾌하다. 여당 대표와 야당 대표의 환한 표정이 화면을 가득 채운다. 온 나라가 승전보를 받은 듯 춤춘다. '한국산 차車, 휴대폰 무관세'라는 신문의 머리기사가 대문짝만하다. 남미와의 수출길이 열릴 것이라고 한다. 힘차게 돌아가는 공장의 전자제품 생산라인과 선적을 앞둔 자동차들이 번들거린다. 수출로 먹고사는 나라이니 수출이 잘되어야 모두가 산단다. 대원군이 세운 척화비斥和碑가 우리에게 얼마나 값비싼 희생을 요구했는지를 은근히 상기시킨다.

비교 우위의 논리를 오빠라고 모를 리가 없다. 지난해 미국의 캘리포니아 주를 자동차로 달리면서 종일을 달려가도 끝이 나타나지 않던 푸른 들판을 보고 오빠에게 메일을 보냈다. '불모지였던 사막조차도 인공 수로를 이용한 거대한 옥토로 바뀐 현장을 지나면서 공포감을 느낍니다. 그리고 오빠 생각에 목이 메입니다.'

그때 오빠는, '그래서 내 땅을 버리고 캘리포니아에 가뭄이 들면 기우제를 지내야 하겠느냐?'는 답신을 보내왔다.

국회 밖에서는 분노한 농민들이 죄 없는 전경을 걷어차고, 뒤편에서는 정치인의 모형模型 화형식이 있는지 군데군데 검은 연기가 치솟는다. 그것을 달래기라도 하듯 조간신문엔 '정부 올 예산 1조 575억 농촌 지원'이라는 새 당근이 가득하다.

오빠는 아직도 독감 중이다.

※ 조류독감: AI(조류 인플루엔자)

손부孫婦의 간구

자고 일어나면 괜찮아지려니 했다. '늘 그랬었지' 스스로 위안을 하고 다시 잠을 청했다. 일상 반복되는 복통에도 병원을 기피하는 내게 식구들은 병을 키운다고 성화였다. 동네 병원에 갔더니 의사는 고개를 흔들었다. 아프다는 부위를 진찰도 해보지 않고 종합병원에 가서 검사를 받으란다.

종합병원의 의사는 알아들을 수 없는 말을 혼자 중얼거리면서 암호처럼 갈겨 쓴 소견서를 간호사에게 넘겼다. 그의 표정이 여러 기기만큼이나 차가워서 무엇 때문에 이렇게 많은 검사를 해야 하는지 물어볼 엄두도 내지 못했다.

전날 밤부터 굶어서 완전히 비운 장관에 현탁액을 집어넣고 가스를 채운다. 메스껍고 몽롱하다. 반듯이 누워라, 돌아보아라,

오른쪽으로 돌려라, 숨을 참아라. 긴장감을 느낄 겨를도 없이 끊임없는 지시가 떨어졌다. 환자에게 자세한 설명도 없이 의사가 내린 처방이 과하다 싶어서 화가 났다. 몸을 이리저리 돌려 사진을 수없이 찍고도 다시 초음파로 샅샅이 훑어본 장은 마치 동굴 속처럼 어두웠다

평소에도 개운한 날이 드물었다. 무슨 장애라도 있는지 확인해 보고 싶은 마음이 한두 번이 아니었지만 그때마다 두려워서 피해 왔다. 보호자 없이 혼자 왔느냐고 묻는 간호사의 사무적인 말도 마음에 걸렸다.

입에 머금었던 마취제를 뱉고 마우스를 물었던 것까지는 기억나는데, 손등에 꽂은 정맥 주사가 끝나기도 전에 잠이 들었던 모양이다. 간호사들의 분주하게 움직이는 소리에 눈을 돌려보니 옆 침대에 두 명의 환자가 아직 잠에 빠져 있다. 내시경 검사가 끝났나 보다. 일어나 앉아 보니 목에 약간의 이물감이 느껴질 뿐 아무렇지도 않았다. 우선 안심이 되었다. 한참 만에 들어 온 간호사는 정밀 검사를 위해 조직을 떼어 내었으니 세 시간 후에나 죽을 먹으란다. 혹 혈변이 보이면 즉시 응급실로 와야 한다는 주의와 별일이 없으면 일주일 뒤에 검사 결과를 보러 나오라고 했다.

'조직 검사라니?'

지난해 생의 끈을 놓은 친구가 번개처럼 눈앞을 스쳐 지나갔

다. 그는 학교를 졸업한 후에도 계속 모임을 갖는 우리 몇몇 동기생 중에서도 건강의 대명사로 통했던 만능 스포츠우먼이었다. 건강 검진을 했다가 간암을 발견했을 때에도 우리는 아무도 그 사실을 믿으려 하지 않았다. 초기 암이라서 레이저로 수술을 끝냈다며 우리에게 정기적인 건강검진 중요성을 환기시킬 때만 해도 '그러면 그렇지.' 했다. 하지만 초기에 발견해서 불행 중 다행이라던 처음의 낙관과는 달리 한 해 동안의 투병은 처절했다. 백혈구 수치를 나타내는 그래프가 바닥에 닿을 때마다 뜨겁게 달아오르던 육신의 고통과 죽음에 직면한 두려움이 암세포가 퍼져가듯 우리의 가슴속까지 깊숙이 파고들었다. 조금만 더 기다리면 획기적인 신약이 개발될 것이라며 희망을 버리지 않았는데 모든 것이 무위로 끝나 버린 날, 우리는 책임을 다하지 못한 그의 생을 고등학교 3학년인 그의 막내에게 죄스러워했다.

정밀 조직검사란 확인을 위한 방편일 뿐이다. 종합병원에서 삼십 년이나 근무한 전문의의 경험과 직관이 이미 심각한 병을 진단했을 것이다. 나는 현기증이 나서 양손으로 모서리를 짚고서야 겨우 침대를 내려왔다. 돌아오는 길의 하늘은 잔뜩 내려앉아 금방 비라도 한줄기 쏟아질 것 같았다.

입술을 평소보다 붉게 바르고 밝은 색상의 스커트와 분홍색 가디건을 걸쳤다. 집을 나서면서 책장 속의 시할아버지 사진을 향해 두 손을 모았다. 내리 딸 셋을 낳았을 적에는 죄송스러워 방에 도 들지 못하던 나를 잡아 아랫목으로 앉히시며 "이웃 구천 댁은 딸 일곱을 낳고 아들을 낳았느니라."는 말로 오히려 위로해 주던 시할아버지셨다. 오매불망 증손자를 기다리셨으나 돌아가시고 삼 년이나 지난 후에 나는 막내를 얻었다.

"할아버지, 늦둥이 당신의 증손자가 아직은 어립니다."

위협에 가까운 소원을 할아버지는 들어주실 것 같았다. 시아버지가 긴한 일이 있을 때마다 할아버지의 사진 앞에서 마치 곁에 살아계신 것처럼 간구하시던 일을 보면 웃음이 먼저 나왔었다. 그 일을 오늘은 내가 했다.

차례를 기다리며 대기실을 서성인다. 시계의 초침은 흐느적거리며 돌아가고, 병원의 공기가 나쁜지 목이 새삼 뜨끔거린다. '어깨를 펴고 눈에 힘을 주거라.' 할아버지의 카랑카랑하던 음성이 들리는 듯했다. 짐짓 눈을 동그랗게 뜨고 어깨를 뒤로 젖혔다.

이름을 부른다. 오뚝이처럼 일어섰다. 진료실 문을 열고 들어서는데 앉아있는 의사선생님의 모습이 흐릿해진다. 뒤로 젖혔던 어깨가 움츠려지고 온몸이 스멀스멀 내려앉는다. 희뿌연 정면의 벽을 바라보는데 할아버지가 허위허위 걸어 나오신다. 손을 모았다. 합장하고 허리를 깊이 숙여 나는 할아버지께 간절한 마음으로 절을 했다.

무명無明을 깨우는 작은 불의 빛과 온기溫氣

– 김민숙 수필의 넓이와 깊이

김 형 진

(수필가, 문학평론가)

체험보다 더 큰 문학적 자산은 없다. 그렇다고 겪은 것을 그대로 옮겨 놓은 글이 문학작품은 아니다. 문학작품으로서 자격을 획득하기 위해서는 체험과 결부된 깊이 있는 사유가 따라야 하며, 나아가 체험과 사유와 상상을 융합시켜 체감도 높게 형상화했을 때 우수한 작품이 탄생된다.

수필은 작가가 습득한 정보나, 작가가 생각하고 느낀 것을 나열하는 것만으로 이루어지는 문학 장르가 아니다. 일상적인 체험을 있는 그대로 그려 놓는 글은 더욱 아니다. 일상적인 체험에 체질화된 사상과 감정을 투과하여 거기서 획득한 결정체를 독창적인 모습으로 빚어내는 문학 장르이다. 그래서 수필은 정제精製된 인생이다.

일상적인 체험을 가장 많이 제공하는 곳은 가정이다. 가정은 부모 형제자매로 이루어진다. 이 가정의 중심은 부모이다. 내가 내 아이들의 부모가 되었을 때에도 역시 가정의 중심은 부모이다. 부모는 내 육신의 모태일 뿐 아니라 내 정신의 지주이기 때문이다. 그래서 김민숙의 수필에서도 가족이 가장 많이 등장한다. 그 중 단연 돋보이는 분은 친어머니와 시어머니다.

> 오토바이를 탄 남자가 태어난 지 며칠 되지 않은 새끼낙타를 가로채 쨍쨍한 햇살이 눈부신 사막을 질주한다. 어미낙타가 사력을 다해 새끼를 쫓는다. 끝없이 펼쳐진 사막에서 세상 바쁠 것 없이 터벅터벅 걷는 동물이 낙타가 아니던가. 낙타가 달리는 일은 제 생명을 내놓을 만큼 절박할 때다.
>
> – 〈낙타가 달린다〉의 서두

여기서 낙타는 어머니이다. 남편이 바깥에 시앗을 두어도 흔들림 없이 지켜오던 종부宗婦 자리를 자녀의 교육을 위해 과감히 내던지고 도시에 나가 삯바느질로 생활하는 어머니를 초원에서 밀려 사막을 삶의 터전으로 살아가는 낙타에 빗대었다. 어머니의 반란인 것이다. 새끼를 구하기 위해 제 생명을 돌보지 않고 달리는 낙타. 어머니의 자녀를 위한 희생을 리얼하고 온기 있게 형상화한 작품이다.

〈활화산을 꿈꾸다〉에는 노쇠한 시어머니를 대하는 화자의 애틋한 시선이 잔잔하게 어려 있다.

어머님은 거실 소파에서 움직이지 않으신다. 무표정한 눈길로 바라보고 있는 텔레비전 화면에 세계 주요 공항에 발 묶인 승객들의 표정이 망연하다. 지난달에 폭발한 아이슬란드의 화산에서 뿜어대는 화산재가 지구 상층부로 올라가 아직껏 유럽 전역의 항공기가 결항이란다. 집으로 돌아가지 못해 공항에서 하늘길이 열리기를 기약 없이 기다리는 승객이나, 빈집에서 한나절 내내 텔레비전만 응시하고 있는 어머님의 초점 맞지 않는 눈길이 또 다른 폭발을 꿈꾸는 듯해서 불안하다.

– 〈활화산을 꿈꾸다〉 서두 부분

혹사당한 세월 속에서 익힌 민첩한 몸놀림은 아직도 시시콜콜 집안일을 거든다. 객지에서 공부하는 남편의 일을 도맡아 상머슴처럼 일하며 육남매를 건사하면서도 후손에 대한 희망의 끈을 움켜쥔 채 고달픈 세월을 감내한 시어머니를 바라보는 화자의 눈길이 은근하다. 위의 인용문에서 텔레비전 화면을 통해 화산 폭발로 인하여 항공로가 막혀버린 공항의 승객과 빈 집에서 초점 맞지 않은 눈길로 그 화면을 바라보고 있는 시어머니. 간접적인 묘사로 시어머니가 처한 상황과 화자의 심리를 표출하고 있다.

올해 봄기운은 유난히 행보가 느리다. 초여름인데도 어머님은 아직 내의를 벗지 못하신다. 하루가 다르게 굳어가는 관절은 마디마디 시리고, 골다

공증으로 무너져 내린 등줄기에서 찬바람이 인다. 식구들의 화제 속으로 들어갈 수 없는 절망은 텅 빈 고목처럼 무기력하다. 자리틀을 닦으신다. 바디를 입김으로 불어보고 바늘을 정성껏 닦아 광을 내신다. 나는 급한 용무가 있다는 듯 외출을 서두른다.

–〈활화산을 꿈꾸다〉 결미

한창 때에는 집안 살림에, 식구들 돌보기에 적극적이었던 분이 이제는 노쇠하여 무기력한 존재다. 할 수 있는 일이란, 공부하는 남편 뒷바라지로 농한기와 들일 사이사이에 짜던 자리틀을 정성껏 닦는 일뿐이다. 화자는 시어머니의 그런 모습에서 울컥 치미는 슬픔을 느낀다.

설은 우리 민족 최대의 명절이다. 산업사회 이후부턴 민족의 대이동으로 전국토가 몸살이 나고, 고향을 지키는 종가宗家가 몸살을 앓고, 종부宗婦는 몸져누울 지경이 되었다. 요즈음엔 '명절 증후군'이란 말이 떠돌 정도다.

이번 설에도 대를 이어 우리 집은 사위와 딸, 그리고 막내까지 끼어 화투판을 벌인다. 풀어놓은 세뱃돈을 회수하겠다는 남편과 아파트를 키워야 한다는 딸, 오르는 전세금을 이 황금어장에서 조달해야 한다는 사위, 아직 학생이니 자선하는 셈 치라는 막내까지 합세하여 화투판이 호기로 요란하다. 기웃거려 보아도 명분 없는 내가 끼어들 자리는 없다. 떡국을 끓여 나르며 덩달아 신을 내는 나도 이제 어쩔 수 없는 어릿광대다.

-〈어릿광대〉의 결미

이 글 화자는 명절을 흩어져 살던 동기들을 한 자리에 묶는 동아줄로 이해한다. 동기同氣들이 모여 며칠씩 밤을 새워 놀이하는 것은 시조부媤祖父 때부터 당연시해온 집안의 전통이었다. 이 때 종부는 어릿광대다. 극중 인물은 아니지만 극이 순화롭게 진행되도록 돕는 인물. 할머니가 그랬고, 시어머니가 그랬고, 젊은 시절엔 빠져나갈 기회를 노리던 나도 이제는 어릿광대다. 대부분의 현대여인들이 기피하는 명절에 전통적 의미를 부여하여 긍정적으로 수용하려 한 작가의 안목이 인상적이다.

〈그만하면 되었다〉는 아버지의 산소를 아름답게 가꾸려는 남편의 효성이 짙게 내재되어 있다. 아버지 산소는 선산 자락에 자리 잡았다. 묘역에는 꽃나무도 심고 잔디도 가꾸어 손자들이 찾아와 뒹굴며 놀도록 하려 했다. 시묘侍墓는 못할망정 일주일에 한 번씩은 찾아와 묘역을 돌보기로 했다. 그런데 장마가 지난 뒤 잡초와의 전쟁이 시작되었다.

봄, 여름을 전사처럼 싸웠고 가을이면 완패로 주저앉은 삼 년이었다.

이길 리 없는 싸움을 하느라 몸살을 심하게 앓았다. 그간 전의를 품고 저희를 몰아내려는 침략자를 대적하느라 그들도 숨찼겠다. 한해살이로 머물며 싹 틔우고 잎을 키우며 꽃 피워 씨를 맺는 일생을 급하게 도느라 모두 바빴으리. 지천의 햇빛과 바람, 생명을 살리는 땅이 또 다른 생명을 받을 준비로 분주하다.

"그만하면 되었다."

아버님의 대답을 이제야 듣는다.

– 〈그만하면 되었다〉의 말미

비닐을 덮는 것도, 제초제를 치는 것도 안 된다는, 그러니까 잡초에 살의殺意를 품을 수는 없다는 발상에서부터 이미 패배는 정해진 일이었다. 땅은 인간의 전유물이 아니라는 생각, 잡초들도 자기영역을 확보하는 게 당연하다는 생각은 잡초와 인간은 적대관계가 아니라 상생관계임을 암시하다. 그래서 화자는 무덤에 있는 아버님의 말을 통하여 패배를 인정케 한다. 이것은 한 편으로는 남편에 대한 위로이며 다른 한 편으로는 자연을 거스르지 말아야 한다는 깨달음의 암시이다.

자동 시스템 시설을 갖추어 양계를 하던, 그러면서 일차산업도 국제경쟁력이 있음을 자신하다가 AI에 닭들을 다 잃고 좌절한 오빠. 그 오빠가 한 달 넘게 독감을 앓고 있다. 거기에 남미와 자유무역협정이 성사되었다며 대서특필하는 신문. 자동차, 휴대폰을 수출하기 위해 농산물을 수입하는 협정이 큰 경사인 것처럼 떠들고 있는 것이다.

지난해 미국의 캘리포니아 주를 자동차로 달리면서 종일을 달려가도 끝이 나타나지 않던 푸른 들판을 보고 오빠에게 메일을 보냈다. '불모지였던 사막조차도 인공 수로를 이용한 거대한 옥토로 바뀐 현장을 지나면서 공포감을 느낍니다. 그리고 오빠 생각에 목이 메입니다.'

그때 오빠는, '그래서 내 땅을 버리고 캘리포니아에 가뭄이 들면 기우제를 지내야 하겠느냐?'는 답신을 보내왔다.

– 〈오빠의 독감〉 결미 부분

조류독감과 오빠의 독감을 수평선상에 배치한 설정도 기발하지만 화자의 메일을 받아친 오빠의 가십성 답신은 더 기발하다.

산업사회의 구조는 거대한 톱니바퀴와 같다. 구성원은 그 톱니바퀴의 작은 톱니에 지나지 않는다. 톱니바퀴를 돌리는 것은 원동기이지 톱니가 아니다. 〈염천〉은 거대한 톱니바퀴의 작은 톱니에 불과한 동생이 산업사회에서 겪는 시련과 좌절을 제시한다. 울화가 치밀어 누구에겐가 목청껏 고함을 지르며 주먹질이라도 하고 싶지만 그럴 만한 대상이 분명한 것도 아니다. 하청업체가

문을 닫은 건 원청이 원활하게 돌아가지 않기 때문이란다. 원청이 원활하지 않은 것은 또 무엇 때문일 것이다. 하청업체 노동자는 실업자가 되어도 어디에 호소할 곳도 항의할 곳도 찾을 수가 없다. 그래서 동생은 섭씨 35도가 넘는 방 안에서 멍하니 천장만 바라보다가 벌컥벌컥 냉수를 마실 수밖에 없다.

그럼에도 화자는 절망하지 않는다.

> 사람이나 식물이나 이런 염천일수록 더욱 목이 마른 법인데, 모두가 하찮게 여기는 식물이라고 주인에게서조차 잊혀 버린 신세가 동생을 보는 듯했다.
>
> 나는 벌떡 일어섰다. '살아나거라, 살아나거라. 너는 줄기만 잘라서 메마른 흙에 꽂아도 뿌리를 내려 꽃을 피워 올리는 억척이지 않았느냐?' 주문을 외듯 중얼거리며 플라스틱 바가지가 철철 넘치게 떠 온 물을 화분에 들이부었다.
>
> – 〈염천〉의 결미 부분

동생이 염천을 견디고 재기하길 바라는 간절함으로 바가지가 넘치게 떠 온 물을 화분에 들이붓는다.

오빠와 동생의 이야기에서 내비치기 시작한 사회문제에 대한 시각은 외연을 확대하여 노숙자 이야기에 이른다. 〈그 겨울의 서울역〉에는 권가에게 이용을 당했다며 막말로 악을 쓰는 남자가 있고, 벽면에 기대어 졸고 있는 여자가 있고, 둘러앉아 수군거리는 사람들이 있고, 방패를 들고 순찰하는 경찰이 있다. 그리고 아재를 닮은 사람이 있다. 아재는 착하고 성실한 사람이다. 열성을 바쳐 일하던 직장이 폐쇄된 이후 새 일자리를 구하지 못해 무기력 상태에 빠져 있다가 집을 나가고 말았다. 그 아재는 대합실에 모여 있는 노숙자들의 표본이다.

그러나 서울역 대합실은 사람들이 잠시 머물다 떠나는 곳.

개찰구로 들어서며 뒤를 돌아보았다. 새롭게 단장한 최신의 대합실에서 어두운 터널을 보는 것 같았다. 그리고 누군가의 웅웅거리는 목소리가 환청처럼 들려왔다. 역은 사람을 오래 보듬지 않으니 잠시 머물다가 이 플랫폼을 빠져나갈 것이라고, 기차가 터널을 빠져나가듯이 머지않아 밝은 햇살 앞에 몸을 드러낼 것이라고.

– 〈그 겨울의 서울역〉의 결미

화자가 대합실을 떠나듯 거기 모여 있는 노숙자들도 '레일로 이어지는 행복한 세상'을 향해 떠나기를 바라는 마음이 간절하다.

어릴 적부터 정이 든 재래시장에 큰 불이 났다. 화자는 아직 수습이 다 끝나지도 않은 화재현장에 찾아 두 바퀴째 2지구 펜스를 돌고 있다. 불에 탄 시장 광경을 바라보는 화자의 눈. 시장

변두리 안전펜스를 벽 삼아 벌인 가판에 상호판을 붙이고 종전의 단골들이 찾아오기를 기다리는 상인들. 40년 단골 형제상회는 보이지 않는다.

요즘 사람들 번드레한 대형 마트로 발길 돌린 지 오래라고, 영남권 최대의 시장은 옛날에 다 끝난 일이라고, 자기도 갈 곳 없어 이러고 있다고 그는 묻지도 않은 말을 주절주절 늘어놓는다. 필요한 생선을 고르고 집에 가서 다듬을 테니 그냥 달라고 했다. 주인이 힐끗 쳐다보며 "염려 마세요. 형제상회보다 더 잘해 드립니다." 하고는 칼질을 시작한다. 장갑 낀 손도 이미 얼었는지 움직임이 둔해 보인다. 지하 어물전을 현대식으로 수리한 것이 채 2년도 되지 않았는데, 그 터전을 화마에 묻고 노점으로 나 앉은 사람들.

"그럼 형제상회는 어디로 간대요?"

생선을 손질하느라 못 들었는지 그에게서는 더 이상 대답이 없다. 시장을 빠져나오는데 누군가 부르는 소리가 환청처럼 들려 고개를 돌렸다. 무너진 2지구 옥상 위에 삐딱하게 서 있는 '서문시장 쇼핑은 2지구에서'라고 쓰인 광고판이 그을음을 덮어쓴 채 저 혼자 외롭다.

– 〈큰 장〉 결미

소박한 삶의 모습이 질펀한, 그래서 즐겨 찾던 전통시장이 쇠

락해 가는 모습을 보는 화자의 안타까움이 진하게 우러난다. 그리고 인물과 사건에 적합한 배경을 제시함으로써 화자의 심리에 깊이 더하는 기법에 호감이 간다.

〈꿈꾸는 바다〉에서 화자는 원유 유출로 죽어가는 태안반도 해안에 있다. 바다를 사랑하는 사람들의 대열 속에서 힘겨운 방제 작업을 하고 있다. 닦아내고 긁어내도 씻기지 않는 기름 때. 화자의 관심은 온통 생명의 안위에 있다.

뾰족한 바위틈 사이로 금방이라도 게들이 기어 나올 것 같다. 여기저기서 쏟아지듯 기어 나오던 게들은 다 어디로 간 것일까. 굴의 무덤이 되어버린 갯바위는 삭막하다. 돌 하나를 움직여 뒤집어 본다. 조용하다. 이럴 땐 작은 벌레들이 화들짝 놀라 사방으로 흩어져야 할 것 아닌가. 나는 불안하다. 그들은 이제 오지 않는 것일까. 정말 터전을 잃은 것일까. 인간이 그들을 버리지 않았느냐고 자연이 되묻는다.

– 〈꿈꾸는 바다〉 중에서

인간의 욕망은 동류同類를 괴롭히고 시들게 하는 것만으로 끝나는 것이 아니다. 바다에 사는 생물들까지 죽음으로 몰아간다. 그러나 그것이 비단 바다생물들에만 국한되는 것일까? 불안한 일이다.

갯바위를 찾는 일이 방과 후의 일상이던 때가 있었다. 바위 사이를 숨바꼭질하듯 들락거리는 게와 얕은 물 속 바위에 붙은 골뱅이를 무던히도 잡았다. 작은 양동이가 넘치도록 잡은 골뱅이를 들고 우리 반 아이들과 함께 자취집으로 돌아올 땐 늘 해가 꼴깍 넘어간 후였다. 잠자리에 들면 여기저기 패이고 찢긴 발바닥이 욱신거렸지만 운수 좋은 날 잡은 몇 마리의 멍게가 어른거려서 우리는 다음날 또 갯바위를 누볐다. 갓 잡아 올린 은빛 고기만큼이나 펄떡이던 시절이었다. 삼십 년도 넘은 일이다. (중략) 갓 잡아 올린 은빛 고기만큼이나 펄떡이던 시절이었다. 삼십 년도 넘은 일이다.

-〈꿈꾸는 바다〉 중에서

그래서 대비시킨 것이 예전 추억이다. 바다와 가까이에서 바다가 주는 선물에 감격하며 살던 때의 모습 -초임지初任地의 어촌 〈등대가 있는 언덕〉에 담은 펄떡이는 바다의 모습이다.

여명이 서서히 퍼지면, 남편이 거두어들인 그물에서 잡은 은빛 고기를 팔러 아낙이 신 새벽에 함지박을 이고 집을 나서는 꿈을 꾼다. 썰물로 빠진 바다가 밀물로 되돌아오듯이 사라진 터전이 수백만 발자국이 뭉쳐서 이룬 사랑의 터전으로 돌아오는 꿈을 꾼다. 뜬 눈으로 꿈을 꾼다.

-〈꿈꾸는 바다〉 결미

화자가 이런 꿈을 꾸는 건 당연하다. 이 꿈은 요즈음 흔히 쓰는 '자연을 보호하자'는 구호를 초월한다.

작가가 가족과 사회와 자연에게 베푼 온기의 진원은 무엇이었을까? 한 마디로 요약하면 중생에게 베푸는 자비심慈悲心이다. 이 세상에 살아 있는 모든 것 - 뭍에 살든, 물에 살든, 상등이든, 하등이든, 살아 있는 것에게 베푸는 자비심이다. 그러나 자비심은 이를 이해하고, 깨닫는 것만으로 행해지는 것이 아니다. 베풂이 없는 깨달음은 공염불에 지나지 않는다. 자비심을 일으키는 첫 단계로, 아직 번뇌를 끊지 못한 이가 행한다는 중생연자비衆生緣慈悲에서도 중생을 보고 연민의 마음을 일으켜 이를 평등하게 베푸는 것이라 했다.

모든 행위의 주체는 자아이다. 수행 없이는 자비도 없다. 작은 베풂도 집착에서 벗어나려는 자아수행自我修行의 결과다.

〈사람의 길〉은 겉으로는 등산체험기 같지만 안을 들여다보면 자아수행기이다.

충혈되도록 눈에 힘을 주어도 시계視界는 제로였다. 시간이 흐르면 언젠가는 구름 위로 올라설 것이라는 믿음으로 오직 촉각에 의지해서 발길 닿는 대로 나아갔다. 수도 없이 많은 바위가 앞을 막아섰다. 제 모습을 드러내지 않는 바위를 기어오르고 또 미끄러졌다. 기어오를 수 없는 바위는 양팔을 휘둘러 안고 돌았고 보이지 않는 면에 부딪히고 상처 났다. 정상은 어디쯤 있는지, 지금 여기가 산의 허리인지 어깨인지 전혀 가늠할 수 없었다.

–〈사람의 길〉 중에서.

화자가 산속 짙은 안개 속에서 길을 잃고 헤매는 모습에서 무명無明의 세계에서 허덕이는 자아의 내면을 엿볼 수 있다. 인간의 타고난 욕망은 더 좋은 곳, 더 높은 곳을 향하고, 그 집착이 초래한 위험한 상황에 처하고서야 구원의 손길을 갈구하는 우매성을 내포하고 있다. 그래서 이 글은 그냥 등산기가 아니라 〈사람의 길〉인 것이다.

김민숙 작가의 자아를 들여다보는 눈에는 특별한 힘이 있다. 무명의 세계에서 허덕이며 살고 있는 자아를 얽어매고 있는 숱한 욕망의 사슬. 그래서 하나의 소원을 빌면 꼭 성취시켜 준다는 봉정암을 찾아가기로 한다. 그런데 빌어야할 소원이 많아 딱 하나를 결정할 수가 없다.

설악산 높고 깊은 곳에 자리한 봉정암 가는 길은 고행苦行 그 자체이다. 아니, 수행이다.

도량석 치는 소리가 새벽의 설악을 깨웠다. 혼신의 힘을 다해 부처님 전에 백여덟 번 절을 하고 부처님 사리가 모셔진 보탑으로 올라갔다. 스님의 목탁소리에 맞춰 바위에서 솟아오른 듯한 오층 보탑을 돌고 돌았다. 보탑 뒤편 큰 너럭바위에 앉아 스님에게서 봉정암의 내력을 듣는데 맞은편 용아름 능선에 자리한 우뚝한 바위들, 기상 늠름한 새벽의 설악이 신령스럽게 가슴으로 들어왔다. 환희심이 일어 가슴이 터질 것 같았다. 지금이다. 소원을 빌어야 한다. 한 가지 소원을.

간절하게 합장하고 나는 머리를 숙였다.

"자비하신 부처님! 제가 오늘 무사하게 설악산을 내려갈 수 있도록 가피加被를 내리소서!"

천천히 무릎을 쓸어보았다. 건너편 부처님 모습을 한 웅장한 바위가 막 솟아오른 햇빛에 반사되어 눈이 부셨다.

– 〈소원〉 결미

무명의 세계를 비추는 작은 등불. 화자에게 찾아온 벅찬 환희심은 자아의 내면을 비추는 불빛(불심)에서 연유되었음이 분명하다. 그래서 내면에서 우러나온 소원은 가피인 것이다. 이 가피는 부처님께서 자아에게 비춰주는 불빛일 뿐 아니라 자아가 타아에게 비춰주는 불빛이기도 하다.

김민숙의 수필들을 횡橫으로 대별하면 가까이 있는 사람들의 이야기와 멀리 있으나 관심을 끈 이들의 이야기이며, 종縱으로는 유교적 전통에 뿌리를 둔 가족 행사와 애정, 불교에 근간한 자아수행과 자비심이다. 그래서 어려운 처지에 시선을 주고, 그에 희망과 자비를 베푼다. 개화기開化期에 유입된 서구문물에 매몰되어 가는 전통적인 의례와 사상이 수필로 승화되어 있음을 보는 것은 꺼져가는 불씨를 살리려 밝혀놓은 화톳불을 보는 것만큼이나 반가운 일이다.

어릿광대

1판 1쇄 발행 | 2013년 5월 25일

지은이 | 김민숙
발행인 | 이선우
펴낸곳 | 도서출판 선우미디어
등록 | 1997. 8. 7 제300-1997-148호
110-070 서울시 종로구 내수동 75 용비어천가 1435호
☎ 2272-3351, 3352 팩스: 2272-5540
sunwoome@hanmail.net

값 10,000원

※ 잘못된 책은 바꿔 드립니다.

※ 이 도서의 국립중앙도서관 출판시도서목록(CIP)은 서지정보유통지원시스템 홈페이지(http://seoji.nl.go.kr)와 국가자료공동목록시스템(http://www.nl.go.kr/kolisnet)에서 이용하실 수 있습니다. (CIP제어번호: CIP2013006357)

ISBN 89-5658-348-8 03810